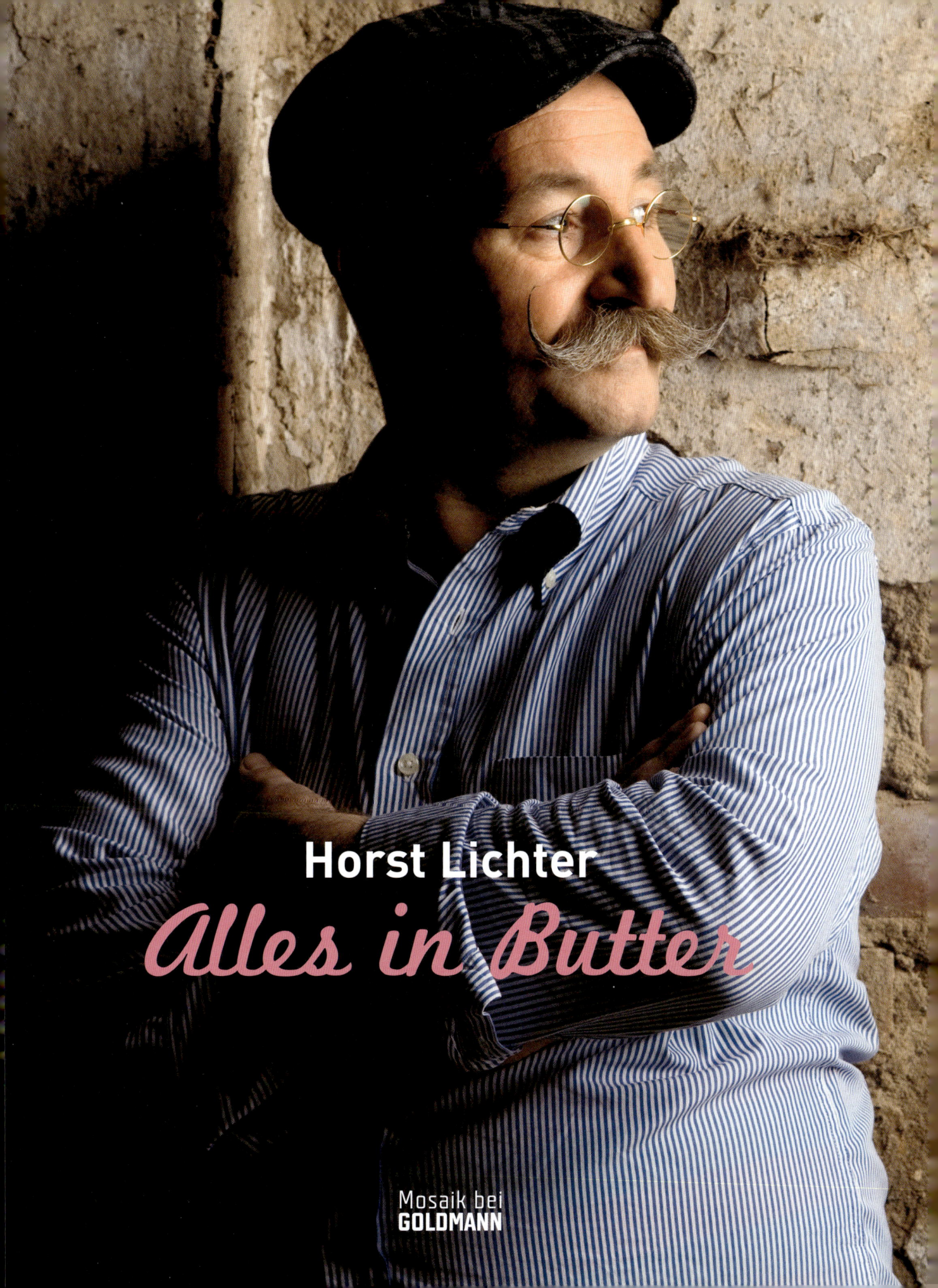

Horst Lichter

Alles in Butter

Mosaik bei
GOLDMANN

Horst Lichter

Alles in Butter

Fotografie John M. John

Mosaik bei
GOLDMANN

Inhalt

Viel wird über mich geschrieben oder erzählt. Vieles ist wahr. »Der mit diesem Flohmarkt-Restaurant irgendwo bei Köln«, »der mit so vielen Alpträumen in seinem Leben klarkommen musste«, »der sich den Traum erfüllte, sein Leben zu ändern«, »der lustige Koch aus dem Fernsehen«, »der liebt doch Hausmannskost über alles«, »der mit dem Lafer«, »der mit der Sahne« oder noch lieber: »der mit der Butter«.

Meine Name ist Horst Lichter, ich wurde am 15. Januar 1962 in Nettesheim in Rommerskirchen geboren, ein Montag, was aber nicht der Grund dafür ist, dass die meisten Restaurants Montags Ruhetag haben, nein, damit habe ich nun wirklich nichts zu tun. Ich bin sozusagen ein Sternekoch ohne Stern, aber dafür mit dem Sternzeichen Sahne, Aszendent Butter, im Auftrag ihrer Mayonnais. Ein Fernsehkoch ohne Zeit, fernzusehen, der zum Fernsehen kam wie ein Fisch zu einem Fahrrad.

Ich habe die letzten Monate sehr viel Leidenschaft investiert in das, was Sie genau in diesem Moment in den Händen halten, und ich kann Ihnen sagen, das hat manchmal wirklich ein Leiden geschaffen. Ich habe viele Gespräche geführt vom Schlage »Sag mal, Tante Gerda, du kanntest doch Oma Mienchen ...«. Weil ich wollte, dass bestimmte Gerichte in diesem Buch genau so schmecken, wie ich sie aus meiner Kindheit in Erinnerung hatte, habe ich mich schlau gemacht, welche Bauern die dicksten Kartoffeln haben und für welche Rezepte diese sich wohl am besten eignen würden.

Leibgerichte und im Laufe der Jahre Liebgewonnenes sollten sich in diesem Buch die Waage halten. Was ich von anderen gelernt habe, sollte genauso einfließen, wie das, wofür Sie mich in einer Tiefschlafphase wecken können und das ich Ihnen ohne Nickelbrille auf der Nase, also blind, zubereite. Eine stundenlang vor sich her schmorende Rinderroulade sollte sich genauso finden, wie ein ganz schneller, aber dafür unglaublich strammer Max. Kleine Leckerchen und Küchen-Klassiker genauso wie Kochzubehör, das Sie unbedingt haben sollten.

Ach ja: Und Sahne spielt hier und da eine Rolle. Ganz zu schweigen von Butter. Natürlich Butter. Denn eine gute Butter ist ein absolut natürliches Produkt. In der Tradition unserer Küche spielte in Ermangelung von Olivenhainen zwischen Flensburg und dem Bodensee das Olivenöl ja

lange Zeit keine Rolle. In der Rubrik: »Vorschnell geäußertes Halbwissen« sagt der Volksmund: Fette, also auch Speiseöle oder eben Butter, sind Geschmacksträger. Und wissen Sie was? Das stimmt. Ich habe mich extra noch mal schlau gemacht, das liegt darin begründet, dass sich eine Vielzahl von Aromastoffen in Wasser nicht lösen lassen. Aber in Fett.

Den Beweis dieser Theorie können Sie bestimmt anhand des folgenden Beispiels nachvollziehen: Kochen Sie mal einen großen Topf Kartoffeln, schneiden Sie diese klein, schütten Sie etwas Paprikapulver und Salz drüber und setzen Sie sich damit zusammen mit Ihrer Liebsten/Ihrem Liebsten vor den Fernseher. Der Snack wird bestimmt nicht so schnell aufgefuttert wie eine Tüte Chips. Es ist schon kein Zufall, dass unsere Omas immer noch einen Klacks Butter ans Gemüse getan haben oder an die Sauce einen Schuss (fetthaltige) Sahne. Verstehen Sie mich nicht falsch, natürlich sollte man sich gesund ernähren, aber solange Sie die Kombination der Wörter »in Maßen« von »in Massen« unterscheiden können, werden Sie bestimmt damit umzugehen wissen, wie lecker es ist, wenn sprichwörtlich »alles in Butter« ist. Oder zumindest fast alles.

Sehen Sie die Rezepte und Tipps in diesem Buch als sensibles Gut, hegen und pflegen Sie sie. Geben Sie sie weiter und verändern Sie sie nach Ihrem Geschmack. Machen Sie es, wie unsere Vorfahren vor vielen hundert Jahren. Im Mittelalter, sagt man, wurden wertvolle Gegenstände wie zerbrechliche Porzellane oder Glaswaren in erhitzte, also geschmolzene Butter gelegt. Diese kühlte ab und ergab so einen festen Schutz, damit diese Butterfässer dann auf holprigen Wegen von Pferdekutschen transportiert werden konnten ohne dass der Inhalt zerbrach. Am Ziel wurde das Ganze vorsichtig erwärmt und somit freigelegt. Wenn also alles sicher transportiert wurde, dann lag das daran, dass zuvor »alles in Butter« war.

Vieles wird über mich geschrieben oder erzählt. Ich freue mich, dass ich Ihnen in diesem Buch vieles aufschreiben konnte, was mir wichtig ist. Ich bedanke mich, dass Sie sich für dieses Buch entschieden haben! Es ist, wie das erste Kapitel verspricht: typisch Lichter! **Herzlichst, Ihr**

Horst Lichter

Typisch Lichter

Alfa & Alfons,
Butter & Bierchen,
Christstollen & Christian,
Diesel-Öl & Distel-Öl,
E-Herd & E-Type,
Ferrari & Flohmarkt,
Geflügel- & Gemüsefond,
Hausmannskost & Hühnersuppe,
Istrien & Inselwelt,
Johann & Johannes,
Küchenschlacht & Kuchenschlacht,
Lecker & noch mal lecker,
Markus & Markus,
Nada & Nickelbrille,
Oldiethek & Oben Ohne,
Pfannekuchen & Pfannenwender,
Q (die auf der Wiese steht und Muh macht),
Rommerskirchen & Romeo,
Sahne, Schmand & Schokolade,
Torte & Tarte,
Unterhitze & Underberg,
Vollkornlos & möglichst viel,
Wiener & Würstchen,
X-Beine & X-Type,
Yakfilet & Yachtkombüse,
Zwiebelsuppe & Zwirbelbart.

Frage des Verlegers an den Autor:

»Also Horst, ich darf doch Horst sagen, oder? Geflügelfond und Hühnersuppe ist das Gleiche, da müssen wir eins streichen, und bei ›S‹ haben Sie ja eins zu viel aufgeschrieben. Ist darüber hinaus Oben Ohne nicht etwas frivol? Und bitte, wieso ist für Sie als bodenständiger Mensch eine Yachtkombüse typisch?«

Horst:

»Also, Herr Verleger, ich darf doch Herr Verleger sagen, oder? Ich weiß nicht, ob Sie jemals einen Geflügelfond vom Johann gekostet haben, dann wüssten Sie, dass das nicht das Gleiche ist wie Hühnersuppe. Das mit dem ›S‹ stimmt, dafür habe ich eins beim ›Q‹ weggelassen. Oben Ohne bezieht sich auf meine Frisur, und ich weiß wirklich nicht, welcher Mensch schlimmer ist: Der sich die Idee für diese Kapiteleinleitung hier ausgedacht hat oder der sich das Alphabet an sich ausgedacht hat. Ich habe weder jemals in einer Yachtkombüse gekocht, noch ein Yak zubereitet. Vielleicht ein bisschen sperrig, so ein Yak in der Yachtkombüse, aber auf alle Fälle mal ʼne gute Idee!« ▮

VIRGINIA MAYO IM BOXRING   Phot. E. Scharf, New York

Clubsandwich

Für 4 Personen

600 g Hähnchenbrustfilet
2 EL Pflanzenöl
4 Scheiben Frühstücksspeck
8 Scheiben Toastbrot
4 Eier
4 EL Remoulade
8 Eisbergsalatblätter
4 Tomaten, in Scheiben geschnitten
½ Salatgurke,
   in Scheiben geschnitten
Salz und Pfeffer aus der Mühle
Paprikapulver, edelsüß

Remoulade
2 hartgekochte Eier
1 rohes Eigelb
⅛ l Öl
2 EL frischer Zitronensaft
   (oder Kräuteressig)
1 TL scharfer Senf
1 TL fein gehackte Zwiebel
1 EL fein gehackte Kapern
2 kleine Gewürzgurken, fein gehackt
1–2 fein gehackte Sardellen
   (nach Belieben)
1 EL fein gehackte Kräuter
Salz und Pfeffer aus der Mühle

▌ Den Backofen auf 180 °C vorheizen.

▌ Das Hähnchenbrustfilet abbrausen, trockentupfen und mit Salz, Pfeffer und Paprikapulver von beiden Seiten würzen. 1 EL Öl in einer Pfanne erhitzen und das Geflügelfleisch darin scharf anbraten, danach für ca. 15 Minuten im Backofen fertig garen.

▌ In der Zwischenzeit den Speck in einer Pfanne ohne Fettzugabe schön knusprig braten, auf Küchenkrepp abtropfen lassen. Toastbrotscheiben toasten und etwas abkühlen lassen. Erneut 1 EL Öl in einer Pfanne erhitzen, die Eier in die Pfanne schlagen, beidseitig braten und mit etwas Salz würzen.

▌ Toastbrotscheiben mit der Hälfte der Remoulade bestreichen. Die Hähnchenbrustfilets aus dem Backofen nehmen, quer zur Faser in dünne Scheiben schneiden und auf 4 Toastbrotscheiben verteilen, ebenso die Salatblätter, die mit der restlichen Remoulade bestrichen werden, den Speck und die Spiegeleier. Das Sandwich mit den Tomaten- und Gurkenscheiben sowie den anderen 4 Toastbrotscheiben bedecken. Jedes Sandwich leicht andrücken und diagonal durchschneiden. Mit Zahnstochern fixieren.

▌ **Mein Tipp:** Vereinfachen kann man die Remouladensauce, indem man Sardellen, Gurken und Kapern weglässt.
Achtung: Alle Zutaten müssen Zimmertemperatur haben!

▌ Für die Remoulade das hartgekochte Eigelb durch ein feines Sieb streichen und mit dem rohen Eigelb und einer Prise Salz gut verrühren. Das Öl tropfenweise unter Schlagen hinzufügen. Zunächst nur die Hälfte der angegebenen Ölmenge verwenden. Ist die Masse steif genug, kommen Zitronensaft und Senf dazu. Dann erst gibt man den Rest des Öls und die übrigen Zutaten hinzu. Damit man das hartgekochte Eiweiß nicht wegwerfen muss, kann man es auch kleingeschnitten mit in die Sauce geben.

Wenn man, wie ich, viel auf Reisen sein und in Hotels übernachten darf, ist ein Clubsandwich oft der letzte Rettungsanker vorm Ins-Bettchen-Gehen. Es ist fester Bestandteil vieler Room-Service-Angebote und ich teste es immer wieder gern, denn wenn das »Club« im Hotel gut ist, kann die Hotelküche was. Für ein Sandwich lass ich vieles stehen, WENN:

• das Toastbrot von guter Qualität und angenehmer Bräunung ist. Es sollte noch leicht warm sein, damit es auch noch knusprig ist.
• die frischen Zutaten, wie die Salatblätter, noch nicht durch das warme Fleisch aufgeweicht sind.
• der Frühstücksspeck extrem kross ist (denn auf meiner Liste der 10 Koch-Todsünden steht lappiger Bacon ganz weit vorn).
• das Hähnchenfleisch die perfekte Mischung aus »außen knusprig« und »innen saftig« ist.
• die Remoulade schmeckt.

Tja, und da ham wir den Salat. Ich mag Remoulade nämlich sehr gern, und es gibt auch wirklich gute Fertigprodukte. Aber es gibt auch solche, bei denen sich mir der Bart talwärts dreht. Oft liegt das daran, dass das benutzte Öl schmeckt, wie aus der Petroleumlampe. Oder dass die Gemüsestücke in der Remoulade ihre Knackigkeit leider am Tag der Ernte in der Erde gelassen haben. Und wieder einmal gilt: Arbeit machen hilft. Ein paar recht günstige Zutaten in der richtigen Reihenfolge kombiniert, ergeben eine einfach nicht zu überbietende Wahnsinnsremoulade! ▌

Ich liebe Clubsandwiches – an ihnen erkennt man die gute Küche eines Hotels.

Reibekuchen mit Apfelmus

Reibekuchen

1,5 kg Kartoffeln
1 EL Mehl
2 Zwiebeln, fein gehackt
3 Eier
Salz und Pfeffer aus der Mühle
Öl zum Ausbacken

Apfelmus

1 kg Boskoopäpfel
6 EL Wasser
½ Zimtstange
Saft von ½ Zitrone
100 g Zucker (nach Belieben)

▌Für die Reibekuchen die Kartoffeln schälen, waschen und auf einer Reibe mittelfein reiben. Ein Sieb mit einem Mulltuch auslegen. Die Kartoffelmasse hineingeben, kräftig ausdrücken und in eine Schüssel füllen. Nun das Mehl, die fein gehackten Zwiebeln und die Eier hinzugeben und gut vermengen. Mit Salz und Pfeffer abschmecken.

▌In einer Pfanne das Öl erhitzen und die Kartoffelmasse portionsweise mit einer Schöpfkelle hineingeben, etwas flachdrücken und schwimmend von beiden Seiten goldbraun ausbacken. Die fertigen Reibekuchen kurz zum Abtropfen auf Küchenkrepp legen und warmstellen, bis serviert wird.

▌Für das Apfelmus die Äpfel schälen, vierteln, vom Kerngehäuse befreien und in grobe Stücke schneiden. Die Äpfel mit dem Wasser, der halben Zimtstange und dem Zitronensaft zum Kochen bringen und bei schwacher Hitze etwa 15 Minuten zugedeckt köcheln lassen. Ab und zu umrühren.

▌Wenn die Apfelstückchen gar sind, kann man die Masse nach Belieben pürieren, mit Zucker abschmecken und dann kühlstellen.

Super lecker,
wenn sie heiß verzehrt werden,
aber genauso köstlich im kalten Zustand
mit einer Scheibe Schwarzbrot, dick Butter
und Rübenkraut.

■ Ein Klassiker, den ich seit Kindheitstagen liebe – wie viele andere Kinder aller Generationen vor und nach mir. Nicht umsonst heißen Kartoffeln ja auch Erdäpfel, deswegen passt das Apfelmus vielleicht auch so perfekt zu den Reibekuchen. Sie sind heiß super lecker, aber genauso köstlich kalt mit einer Scheibe Schwarzbrot. Das dann noch dick mit Butter und Rübenkraut beschmiert ... hmmmmm. ■

Zwiebelsuppe

Für 4 Personen

4 große Zwiebeln
50 g Butter
1 l Fleischbrühe
⅛ l trockener Weißwein
Salz und Pfeffer aus der Mühle
etwas frischer Thymian
20 g Butter
8 Baguettescheiben
50 g geriebener Gruyére

▌ Die Zwiebeln schälen und in feine Ringe schneiden oder hobeln. 50 g Butter in einem Topf zerlassen und die Zwiebeln darin bei mittlerer Hitze unter Rühren goldbraun andünsten. Mit der Fleischbrühe ablöschen und zugedeckt bei kleiner Hitze etwa 15 Minuten köcheln lassen. Danach den Weißwein hinzugeben und die Suppe mit Salz, Pfeffer und Thymian würzen.

▌ Den Grill des Backofens vorheizen. Ober-/Unterhitze: etwa 250 °C, Umluft: etwa 230 °C.

▌ 20 g Butter in einer großen Pfanne zerlassen und die Baguettescheiben darin von beiden Seiten goldgelb rösten. Die Zwiebelsuppe in große, hitzebeständige Suppentassen füllen, die Baguettescheiben darauf verteilen und mit dem Gruyérekäse bestreuen.

▌ Die Suppentassen auf dem Rost in den Backofen schieben. Den Käse unter dem Grill kurz überbacken, bis er leicht gebräunt ist.

Oh Gott, wer weint denn da?
Die Suppe ist einfach nur lll...ecker.

Es gibt einen Trick, wie das Zwiebelschneiden nicht zum Weinen führt. Und jetzt nicht so was wie: Schneiden Sie einfach keine. Ich meine das ernst. Allerdings ist das eher etwas für Brillenträger. Mein Kumpel Christian hat mir das mal erzählt, ich habe es allerdings noch nie selbst ausprobiert. Er ist stark kurzsichtig und hat immer eine Brille getragen. Zwiebelschneiden war ein feuchtes Vergnügen, augentechnisch zumindest. Dann hat er irgendwann wegen eines anstehenden Fußballturniers zum ersten Mal in seinem Leben Kontaktlinsen ausprobiert und am ersten Abend als Linsenschlange gemerkt, dass Zwiebelschneiden rein optisch keinen Unterschied mehr zu Marmeladebrotschmieren bedeutet. Echt. Der hat sich jetzt, glaube ich, im Garten ein Zwiebelfeld gesät, weil ihn das so glücklich macht.

Allen, die nach wie vor beim Schneiden weinen und sich keine Kontaktlinsen anschaffen wollen, sei gesagt: Jeder Löffel dieser Suppe ist jede Träne wert.

Kräftige Hühnerbrühe

Für 4 Personen

1 Suppenhuhn, küchenfertig
4 schöne Möhren
½ Sellerieknolle
2 Stangen Lauch
½ Knoblauchknolle
1 mittelgroße Zwiebel,
   mit 1 Lorbeerblatt und 2 Nelken
   gespickt
2 l Wasser oder Fleischbrühe
Salz und Pfeffer aus der Mühle
frisch geriebene Muskatnuss
3 Zweige frische Blattpetersilie

Eierstich

2 Eier
⅛ l Milch
Salz
frisch geriebene Muskatnuss
gehackte Kräuter (nach Belieben)
etwas Butter

▮ Das Suppenhuhn mit der Brustseite nach oben in einen großen Topf legen, die Hälfte des geputzten Wurzelgemüses, also Möhren und Sellerie und 1 Stange Lauch in großen Stücken hinzufügen, ebenso den Knoblauch und die gespickte Zwiebel. Das Wasser oder die Fleischbrühe angießen und langsam zum Kochen bringen. Abschäumen, bis sich kein Schaum mehr bildet. Auch das Fett abschöpfen, das beim Garen allmählich schmilzt und an die Oberfäche steigt.

▮ Sobald der Siedepunkt erreicht ist, mit Salz würzen und den Deckel so auflegen, dass ein Spalt offen bleibt. Die Temperatur herunterschalten und die Suppe ohne Unterbrechung je nach Alter des Huhns etwa 1,5 bis 3 Stunden bei schwacher Hitze simmern lassen.

▮ In der Zwischenzeit das restliche geputzte Gemüse in nicht zu grobe Stücke schneiden und in etwas Brühe garen. Zur Seite stellen. Das Huhn ist gar, wenn sich die Flügel leicht umbiegen.

▮ Nun das Fleisch und das Wurzelgemüse herausnehmen und die Brühe durchseihen.

▮ Das Hühnerfleisch kleinschneiden und mit dem vorbereiteten Gemüse in die Suppe geben. Sorgsam mit Salz, Pfeffer und ein wenig Muskatnuss abschmecken. Zuletzt die fein gehackte Petersilie dazugeben.

▮ **Mein Tipp: Ein leckerer Eierstich darf nicht fehlen.**
Eier und Milch gut verquirlen, mit Salz und frisch geriebener Muskatnuss abschmecken. Nach Belieben gehackte Kräuter hinzufügen. In ein gebuttertes Förmchen füllen und 15–20 Minuten im Wasserbad stocken lassen, dann kurz abkühlen lassen. Vorsichtig stürzen, in Streifen oder Würfel schneiden und in die heiße Brühe geben.

Die Brühe steht und fällt mit dem Huhn. Ein geschmackloses Huhn bleibt ein Huhn ohne jeden Geschmack, das ist ja an anderer Stelle bereits erwähnt worden.

Bei einer Hühnersuppe ist es darüber hinaus wirklich wichtig, dass Sie ein Suppenhuhn nehmen, aus Hähnchenbrustfilet kriegen Sie einfach nichts herausgekocht. Bei Suppenhühnern ist der Fettanteil im Inneren des Gockels höher, und Fett, das wissen wir ja, ist ein Geschmacksträger.

Und noch was: Machen Sie mal den Möhrentest auf dem Markt oder in der Gemüseabteilung! Soooooo viele Möhren schmecken nach sooooo wenig, ob sie die benutzen oder keine, wird keinen großen Unterschied machen.

Bei uns zu Hause wurde Hühnersuppe schon immer als Allheilmittel eingesetzt. Ich kann mich nicht erinnern, dass es einen Schnupfen gab, den ich damit nicht wegbekommen hätte. Für mich war das schon immer die leckerste Medizin der Welt.

Kohlroulade *wie bei Mama,*
mit Kartoffeln in Petersilienbutter

Für 4 Personen

1 große Zwiebel
1 altes, trockenes Brötchen
1 großer, schöner Wirsingkopf
500 g Hackfleisch (halb Rind,
	halb Schwein)
1 Ei
Salz und Pfeffer aus der Mühle
Rosenpaprika
5 EL Öl
1 TL körnige Fleischbrühe
¼ l Sahne
Sojasauce
40 g Mehl
500 g festkochende Kartoffeln
150 g Butter
1 Bund Petersilie, fein gehackt
Küchengarn

▌ Die Zwiebel schälen und fein hacken. Das Brötchen in Wasser einweichen.

▌ Nun vom Wirsing vorsichtig die Blätter entfernen und abwaschen. Die Kohlblätter in einem großen Topf kurz blanchieren und gut abtropfen lassen, den Strunk in der Mitte herausschneiden, das Wasser nicht wegschütten.

▌ Das Hackfleisch in eine Schüssel geben, das aufgeschlagene Ei, das ausgedrückte Brötchen, die gehackte Zwiebel, Salz, Pfeffer und Rosenpaprika dazugeben. Alles gut vermengen.
Nun aus der Hackfleischmasse acht gleich große längliche Knödel formen, je einen Kloß auf ein Kohlblatt legen und ein schönes Paket daraus formen. Das Ganze mit Küchengarn einwickeln.

▌ Das Öl in einem Bräter erhitzen und die Rouladen vorsichtig von allen Seiten anbraten. Etwa einen halben Liter des Kohlwassers mit der körnigen Brühe vermengen und ca. eine Tasse davon an die Rouladen gießen. Deckel darauf legen und die Rouladen bei niedriger Hitze ca. 20 Minuten schmoren lassen.

▌ Die fertig gegarten Rouladen aus der Brühe nehmen und warmstellen. Wieder etwas Brühe in den Bräter geben und die Flüssigkeit kurz aufkochen lassen. Sahne dazugeben, mit Sojasauce und Salz abschmecken. Sollte das Ganze zu dünnflüssig sein, ein wenig Mehl in etwas Wasser anrühren und die Sauce damit binden. Zum Anrichten die Rouladen auf große Kohlblätter legen und die Sauce darübergießen.

▌ Die Kartoffeln schälen und ca. 20 Minuten in Salzwasser kochen. Die gekochten Kartoffeln in Butter und der fein gehackten Petersilie in einer Pfanne anschwenken.

▌ Meine Mutter hat mir dieses Rezept weitergegeben. Ich habe rein gar nichts verändert. Das hat einen einfachen Grund: Besser als Kohlroulade wie bei Mama geht Kohlroulade nun mal nicht. Danke, Mama. ▌

Gedeckter Apfelkuchen

Für 4 Personen

Teig
250 g Instant-Mehl
65 g Zucker
1 Prise Salz
1 Ei
125 g Butter (in Flöckchen,
    Zimmertemperatur)

Füllung
1 kg Boskoopäpfel
Saft von ½ Zitrone
3 Eier
125 g Sahne
100 g Zucker
1 Päckchen Vanillezucker
die abgeriebene Schale einer
    unbehandelten Zitrone
Puderzucker zum Bestäuben

▮ Mehl, Zucker, Salz, das Ei und die Butterflöckchen schnell zu einem Teig verkneten. In Folie einschlagen und ca. 30 Minuten an einem kühlen Ort ruhen lassen.

▮ Den Backofen auf 175 °C vorheizen. Die Äpfel schälen, vierteln und vom Kerngehäuse befreien. Die Apfelviertel an der runden Seite mehrfach einschneiden. Damit das Fruchtfleisch schön weiß bleibt, die Apfelviertel mit etwas Zitronensaft beträufeln. Die Springform ausfetten.

▮ Nun den Teig auf etwas Mehl ausrollen und in die Backform geben, dabei einen 4 cm hohen Rand formen. Die Äpfel auf dem Teig verteilen und das Ganze auf der mittleren Schiene 25 Minuten backen.

▮ Eier, Sahne, Zucker, Vanillezucker und Zitronenschale verquirlen. Nachdem der Kuchen 25 Minuten gebacken hat, die Crememasse gleichmäßig darauf verteilen und weitere 30 Minuten backen. Vor dem Servieren nach Belieben mit Puderzucker bestäuben.

❚ Sie sehen schon, ich nehme für Apfelmus und Apfelkuchen am liebsten Boskoopäpfel. Natürlich ist das Geschmackssache. Beim Boskoop ist es der hohe Säuregehalt, der mir persönlich bei Apfelmus oder so einem Apfelkuchen besser gefällt als ein süßerer Apfel. Wie so oft ist das Geheimnis des Leckerschmeckens nämlich darin zu finden, dass gegensätzliche Geschmäcker interessanter sind, als wenn alles die gleiche Richtung hat. Denn ein Muss bei diesem Kuchen ist eine ordentliche Portion Schlagsahne, und damit die schmeckt, muss sie natürlich ordentlich gesüßt sein. ❚

Klassiker mal anders

Natürlich muss es so Schnickschnack-veranstaltungen wie ein Spezialitäten-restaurant mit regionaler Nord-Ant-arktis-Küche, All-You-Can-Eat-XXL-Fastfoodbuden mit Zwei-Kilo-Hotdogs und Fritten von der Größe des durchschnittlichen Unterschenkels der Spitzenathletinnen der Da-men-Gewichthebermannschaft Chinas genauso geben, wie die sogenannte Molekularküche. Es ist eigentlich nicht meine Art, irgendwem vorzu-schreiben, wie er sein Geld verdient, besonders, solange sich immer wieder jemand findet, der dafür Geld auf den Tisch legt.

Neulich habe ich eine Reportage über so eine XXL-Bude aus Berlin gesehen: Wenn du deine 3-Kilo-Fleischplatte unter Aufsicht der Beleg-schaft alleine auffrisst, wirst du noch mit einem 100-Euro-Restaurant-Gutschein bestraft. Zum Nachtisch 30 Kugeln Eis. Leute, wo sind wir denn angelangt? Da gehen erwachsene Menschen mit ihren Kindern hin! Wieso protestieren Kran-kenkassenverbände, Restaurantkritiker und die Supernanny nicht bei denen vor der Tür?

Nicht, dass wir uns missverstehen:
Ich habe nichts gegen anständige Portionen, das andere Ende der Skala halte ich ja auch für diskus-sionswürdig. In der Molekularküche bekommst du dein 300-Gramm-Steak als Schaum. Die Ochsenschwanzsuppe wird vorneweg als Dra-gee gereicht. Ich hab das mal gegoogelt, die Wikipedianer haben sich folgende Beschrei-bung für diese Veranstaltung ausgedacht: »Die Molekulargastronomie befasst sich mit den biochemischen und physikalisch-chemischen Prozessen bei der Zubereitung und beim Genuss von Speisen und Getränken«. O.k., ich hatte in Chemie immer eine Fünf, vielleicht bin ich ein-fach noch nicht reif dafür, und natürlich ist es für uns Leutchen, die sich professionell mit dem Thema Kochen beschäftigen, von enormer Wich-tigkeit, dass es kreative Kollegen gibt, die sich immer wieder über die Grenze bewegen, nach neuen Ideen forschen, bis zur vollkommenen Ge-schmacksverwirrung die Knospen auf den Zun-gen reizen, sie verwirren wollen, indem ein grün-schimmernder Wackelpudding mit einem Klacks Olivenöl auf einmal schmeckt wie eine »Gemü-sepfanne mediterran«. Aus spanischer Sicht könnte man sogar sagen, dass diese legendäre Erfindung des Molekulargottes Ferran Adrià ein »Klassiker einmal anders« ist.

Ich bin ja ein absoluter Küchenklassiker-Fan.
Besonders regionale Gerichte aus deutschen Landen begeistern mich, wenn sie so zubereitet sind, dass sie in einem Kindheitserinnerungen in Form von Tränen der Glückseligkeit hervorrufen. Viele dieser Erinnerungen sind Erinnerungen an die so genannte Hausmannskost. Halt, Stop …. Hausmannskost ist ein seltsamer Name. Ich denke, mich täuscht meine Erinnerung nicht, dass zumindest bei uns zu Hause diese Hausmanns-kost von Mutti zubereitet wurde. Sonntags, das Küchenfenster leicht geöffnet, sodass die Nach-barn ganz wuschig wurden, wenn sie vorbeigingen und dachten: »Hmmm, wat riecht dat hier nach herrlichem Rinderbraten!«

Heute haben wir Kerle uns ja so langsam emanzipiert, aber oft beobachtet man einen kleinen Unterschied: Männer wollen sich und allen am Tisch was beweisen. Frauen wollen ein-fach nur was Leckeres auf den Tisch bringen. Und genau das finden Sie hier in den folgenden Rezepten. Erinnerungen an traumhaftes Essen, aber eben doch in Jahren von mir verbessert.

Es kann gut sein, dass selbst diese Varianten hier in ein paar Jahren von mir schon wieder verän-dert werden. Kochen ist ein kreativer Prozess, manchmal bringt einen Mutti auf eine neue Idee, manchmal Freunde und manchmal sogar der Inhalt des eigenen Kühl- oder Küchenschranks. Und ich sach Ihnen mal was: Mir ist es sogar schon passiert, dass ich ein Rezept nachkochen wollte und schusseligerweise zwei Zutaten ver-tauscht habe. Und das dabei zufällig veränderte Ergebnis war so überzeugend, dass ich von da an halt das Geschnetzelte immer mit Schmand statt mit Sahne zubereitet habe. ∎

Als Beilage empfehle ich Speckkartöffelchen.

Matjessalat

Für 4 Personen

3 Eier, hartgekocht
1 Bund Schnittlauch
1 Zwiebel
4–6 Matjesfilets
150 g gekochter Schinken
150 g kalter Kalbsbraten
2 Essiggurken
2 Stk. rote Bete, frisch vorgekocht
   oder aus dem Glas
2 kleine säuerliche Äpfel
6 EL Mayonnaise
2–3 EL Crème fraîche
1 Spritzer Tabasco
1 Spritzer Worcestersauce
Salz und weißer Pfeffer aus der Mühle

Speckkartöffelchen

50 g Butterschmalz
150 g Speckwürfel
600 g Drillinge (kleine frische
   Kartöffelchen), gegart
½ Bund Petersilie, kleingehackt
Salz und Pfeffer aus der Mühle

▌Die hartgekochten Eier fein hacken, ebenso den Schnittlauch. Die Zwiebel in feine Ringe schneiden.

▌Matjesfilets, gekochten Schinken, Kalbsbraten, Essiggurken, rote Bete und Äpfel in feine Würfel schneiden und vorsichtig mit den Zwiebelringen vermengen.

▌Zum Schluss die gehackten Eier, die Zwiebel, Mayonnaise, Crème fraîche und Schnittlauch unterheben. Mit Tabasco, Worcestersauce, Salz und Pfeffer herzhaft abschmecken und vor dem Servieren kühlstellen.

▌Für die Speckkartöffelchen das Butterschmalz erhitzen, den Speck darin anbraten und die ungeschälten, bereits gegarten Kartöffelchen hinzugeben und mehrfach schwenken, bis sie goldbraun gebraten sind. Mit Salz und Pfeffer würzen und vor dem Servieren mit der gehackten Petersilie bestreuen.

■ Ich finde es äußerst lustig, dass mein Johann Matjes abgrundtief hasst. Ne, wirklich, ich rede nicht davon, dass er den nicht mag. Er hasst ihn. Ich weiß nicht, was ihm die kleinen schlüpfrigen Dinger angetan haben – aber ich liebe Matjes und könnte mich in diese blauen Tonnen, die meist aus Holland Ende Mai zu uns auf die Fischmärkte kommen, förmlich reinlegen. Ganz schlimm war für mich das Jahr 2006. Der damals geplante Start in die Matjes-Saison musste verschoben werden, weil sich die Heringe in diesem Jahr einfach noch nicht genug Fett angefuttert hatten. Ein holländischer Bekannter von mir, Henk, sagte damals: »Zuerst hielten wir es für einen Marketing-Gag irgendeiner Fischhändlervereinigung um Aufmerksamkeit auf den Saisonstart zu lenken, aber es war wirklich eine nationale Katastrophe.« Der Grund: Die Fischhändler machen 50% ihres Matjes-Umsatzes in den ersten Wochen nach Saisonstart, und auch die legendären Matjes-Feten mussten verschoben werden. ■

Kartoffeltorte

Für 12–16 Stücke

375 g gekochte Kartoffeln
   (mehlig kochend) vom Vortag
8 Eier
200 g Zucker
100 g geriebene Mandeln
Bittermandelaroma
2 EL Zitronensaft
die abgeriebene Schale von
   ½ unbehandelten Zitrone
20 g Kartoffelmehl
Fett für die Form

▌ Die Kartoffeln bereits am Vortag in der Schale gar kochen, abgießen, auskühlen lassen und pellen. Durch die Kartoffelpresse drücken und bis zum nächsten Tag nicht zugedeckt an einen luftigen Platz stellen, damit sie austrocknen können.

▌ Die Eier trennen. Zucker und Eigelb schaumig rühren, bis der Zucker sich völlig aufgelöst hat. Geriebene Mandeln, Bittermandelaroma, Zitronensaft und die abgeriebene Zitronenschale hinzufügen. Nach und nach die Kartoffelmasse unterrühren. Das Kartoffelmehl über die Masse sieben und ebenfalls untermengen. Zum Schluss den sehr steif geschlagenen Eischnee vorsichtig unterziehen.

▌ Den Kartoffelteig in eine gut ausgefettete Springform (Durchmesser 24 cm) füllen und im vorgeheizten Backofen auf der unteren Schiene bei 175 °C etwa 70 bis 80 Minuten backen.

▌ Die Kartoffeltorte im ausgeschalteten Backofen etwas auskühlen lassen. Die Torte auf ein Tortengitter setzen und kalt werden lassen.

▌ **Mein Tipp: Besonders gut schmeckt auch diese Variante.**
50 g Rosinen und 2 EL Rum (ca. 1 Stunde einweichen lassen) anstelle des Bittermandelaromas zur Kartoffelmasse geben.

Haben Sie sich auch schon mal gefragt, wieso die meisten Kartoffelsorten in Deutschland Frauennamen haben? Im manchen Ländern Europas ist das nicht so, da haben wir Männer die dicksten Kartoffel(name)n. In England liegt im Handel ganz gern mal der »Duke of York« neben »King Edward« und dem »Red Cardinal«. Aber nur der Gleichberechtigung wegen die Knollen in England kaufen? Da hab ich einen anderen Tipp für das schwache Geschlecht namens Mann:

Wenn die Herren unter Ihnen zu Hause mal wieder mit ein wenig Eifersucht die Beziehung anheizen wollen, erwidern Sie auf die Frage Ihrer Liebsten: »Herrmann, wieso hat das heute wieder so lange mit dem Einkauf gedauert? Geht das nicht einen Tick schneller?« einfach: »Ach weißte, Schatzilein, Sieglinde, Linda, Christa, Nicola, Selma, selbst Laura ist mir auf dem Markt begegnet ... ich konnte mich einfach nicht entscheiden, wen ich mit nach Hause nehmen sollte!«

Bauernfrühstück

Für 4 Personen

700 g gekochte und gepellte
   Kartoffeln (festkochend) vom Vortag
100 g Frühstücksspeck
1 Zwiebel, geschält
100 g Wurstreste (Knoblauchwurst,
   Bierbeißer oder Fleischwurst)
1–2 EL Öl
Salz und Pfeffer aus der Mühle
6 Eier (Größe M)
3 EL Kondensmilch
frisch geriebene Muskatnuss
½ Bund Schnittlauch,
   fein geschnitten

▌ Die Kartoffeln und die Wurstreste in Scheiben schneiden. Speck und Zwiebel in kleine Würfel schneiden.

▌ Öl in einer Pfanne erhitzen, den Speck darin anbraten, dann die Wurstscheiben und zum Schluss die Zwiebeln kurz mit anbraten.

▌ Die Kartoffeln dazugeben, mit Salz und Pfeffer herzhaft würzen und unter häufigem Wenden in etwa 10 Minuten bei mittlerer Hitze knusprig braten. Die Eier mit der Kondensmilch verquirlen, leicht mit Salz und frisch geriebener Muskatnuss würzen. Nun die Eiermasse gleichmäßig über die Kartoffeln gießen, die Temperatur reduzieren und das Ganze bei schwacher Hitze stocken lassen. Vor dem Servieren mit dem Schnittlauch bestreuen.

▌ **Mein Tipp:** Nach Belieben kann das Bauernfrühstück noch überbacken werden. Hierfür 150 g Büffelmozzarella in Scheiben schneiden, auf die gestockte Masse geben und im vorgeheizten Backofen bei 180 °C kurz überbacken.

Als Beilage empfehle ich einen Kopfsalat in einer herzhaften Vinaigrette-Sauce.

Trifft sich ein Kannibalenpaar früh am Morgen in der Küche.
Er: »Was gibt's?«
Sie: »Bauernfrühstück!«

Großmutters Rinderrouladen
mit Rote-Bete-Gemüse

Für 4 Personen

Rouladen

4 Rinderrouladen (je ca. 180 g)
2 EL Senf, mittelscharf
8 Scheiben Bacon (Frühstücksspeck, dünn aufgeschnitten)
3 Zwiebeln
4 mittelgroße Gewürzgurken
2 EL Butterschmalz
1 Bund Suppengemüse
50 g Tomatenmark
200 ml Rotwein (trocken)
400 ml Rinderfond
2 Lorbeerblätter

Rote-Bete-Gemüse

4 Knollen Rote Bete (etwa 750 g)
2 Schalotten
2 EL Butter
3 EL Crème fraîche
1 EL geriebener Meerrettich
1 TL Senf
10 g frischer Ingwer, gerieben
1 TL Zucker
Salz und Pfeffer aus der Mühle

❚ Rouladen abbrausen und trockentupfen. Lediglich auf der Innenseite salzen und pfeffern, mit Senf bestreichen und mit dem Bacon belegen. Eine Zwiebel schälen, in feine Würfel schneiden und auf den Rouladen verteilen. Die Gewürzgurken darauf legen.

❚ Nun die Rouladen aufrollen (die Außenseiten dabei schön einklappen, damit die Füllung nicht verlorengeht) und mit Küchengarn oder Zahnstochern befestigen.

❚ Butterschmalz in einem Bräter erhitzen und das Fleisch ringsherum anbraten.

❚ Das Suppengemüse putzen, waschen und würfeln. Die restlichen zwei Zwiebeln schälen und würfeln. Beides nun mit in den Bräter zu den Rouladen geben und kurz mit anbraten. Tomatenmark einrühren und mit dem Rotwein ablöschen. Dann mit dem Rinderfond aufgießen und zum Kochen bringen. Lorbeerblätter, Majoran, Pfefferkörner und Wacholderbeeren dazugeben und alles zugedeckt bei mittlerer Hitze 1,5 Stunden schmoren lassen.

❚ Nach Ende der Garzeit die Rouladen aus dem Sud nehmen und warmstellen. Die Sauce durch ein Sieb streichen, erneut erhitzen und mit einer Mehlschwitze leicht andicken. Nochmals mit Salz und Pfeffer abschmecken.

❚ Für das Gemüse die Rote Bete putzen und unter fließendem Wasser sorgfältig bürsten, schälen und in sehr dünne Scheiben schneiden oder hobeln.

❚ Schalotten schälen und fein würfeln. Butter in einem Topf erhitzen, die Schalotten darin glasig andünsten, die Rote-Bete-Scheiben und 2–3 EL Wasser hinzugeben. Das Gemüse mit etwas Salz und Pfeffer würzen, zum Kochen bringen und etwa 30 Minuten gardünsten. Nach der Garzeit die Crème fraîche, den geriebenen Meerrettich, Senf, Ingwer und Zucker unterrühren. Je länger das Gemüse durchzieht, desto besser schmeckt es. Vor dem Servieren nochmals erhitzen und erneut abschmecken.

■ Rote Beete und rote Bete sind etwas grundlegend Verschiedenes. Während Sie sich unter dem einen ruhig eine wundervolle Ansammlung herrlich duftender, leuchtend roter Rosen oder Mohnblumen vorstellen können (also man könnte auch sagen, Beete sind angelegte Flächen von gesäten Zierpflanzen in Ihrem Garten), so handelt es sich bei der roten Bete schlichtweg um diese wunderbar tief dunkelrote Knolle, die wieder vermehrt auf Speisekarten auftaucht. Wenn Sie ganz schlau sein wollen – so hat es mir auf jeden Fall ein Freund aus meinem Ferrari-Oldtimer-Fanclub gesagt –, sagen Sie einfach: »Beta ist übrigens Italienisch und heißt einfach nur Rübe!« Kommt unheimlich schlau rübe(r). ■

■ **Mein Tipp: Leckere Varianten**
Anstatt die Rouladen mit Gewürzgurken zu füllen, kann man auch Rote Bete verwenden. Sie sollten allerdings schon vorgekocht und in Streifen geschnitten sein. Oder man verzichtet auf die Gemüse-Füllung und gibt stattdessen Bratwurst hinein: 2 Bratwürste halbieren und die Rouladen damit füllen.

> Ich habe alles ausprobiert, aber die Salzkartoffel schmeckt mir als Beilage immer noch am Besten.

Omelette Surprise

Für 4 Personen

Eierliköreis
¼ l Milch
¼ l Sahne
Mark von 1 Vanilleschote
6 Eigelb
100 g Kristallzucker
¼ l Eierlikör

Biskuitteig
4 Eier
3–4 EL heißes Wasser
125 g Zucker
1 Päckchen Vanillezucker
50 g Speisestärke
1 Messerspitze Backpulver
75 g Mehl

Baiser
4 Eiweiß
1 Prise Salz
200 g Puderzucker
5 g Butter
4 EL Grand Marnier

▌ Für das Eierliköreis Milch, Sahne und das Mark der Vanilleschote in einem Topf einmal kurz aufkochen lassen. Vom Herd nehmen. In der Zwischenzeit Eigelb und Zucker in einer Schüssel mit einem Mixer gut schaumig rühren. Die noch warme Milch-Sahne-Mischung durch ein Feinsieb bei höchster Stufe des Mixers nach und nach hinzugeben. Die Masse über einem Wasserbad mit einem Schneebesen zu einer dicklichen Creme schlagen. Etwas abkühlen lassen, den Eierlikör unterrühren und in die Eismaschine geben.

▌ Für den Biskuitteig die Eier trennen. Eigelb mit dem heißen Wasser schaumig rühren, zwei Drittel des Zuckers und den Vanillezucker dazugeben. Schlagen, bis eine cremige Masse entsteht. Eiweiß zu sehr steifem Schnee schlagen und den restlichen Zucker esslöffelweise dazugeben.

▌ Den Eischnee nun auf die Eigelbmasse geben, darauf das mit Speisestärke und Backpulver vermischte und gesiebte Mehl geben. Alles vorsichtig unter die Masse ziehen. Nicht rühren!

▌ Ein Backblech mit Backpapier belegen, den Teig gleichmäßig darauf verteilen und auf mittlerer Schiene im vorgeheizten Backofen bei 200 bis 225 °C etwa 12 Minuten backen.

▌ Das Eierliköreis mit dem Biskuit komplett ummanteln und ins Gefrierfach geben.

▌ Für das Baiser das Eiweiß mit einer Prise Salz zu sehr steifem Schnee schlagen, den Puderzucker sieben und kurz unterrühren. Nun das Eis im Biskuitmantel auf eine leicht gebutterte, backofengeeignete Platte legen, mit Grand Marnier beträufeln und mithilfe eines Teigschabers mit dem Eischnee umhüllen.

▌ In den Backofen schieben und bei 200 °C Oberhitze ca. 5 bis 7 Minuten backen.

▌ **Mein Tipp:** Verfeinern kann man dieses Überraschungsdessert mit frischen Früchten der Saison.

Wenn Sie mal Langeweile haben und entweder wilde Hühner bei Ihnen im Garten leben oder Sie den Kühlschrank gerade mal voller Eier haben – voll frischester Eier, wohlgemerkt! – machen Sie Eierlikör einfach mal selber. Das lohnt sich so was von dolle, dat glauben Sie gar nicht. Und da die Firma Ei Ei Ei Dingenskirchen ihr Eierlikörrezept hütet wie ihre eigenen Küken, finden Sie in diesem Buch auf Seite 130 mein ultimatives Rezept für selbstgemachten Eierlikör. Problem: Selten schaffe ich es, am Ende des Herstellungsprozesses noch alle Sinne senkrecht beisammen zu haben ...

Gefüllter Hackbraten

Für 4 Personen

2 Brötchen vom Vortag
750 g Hackfleisch
   (halb Rind, halb Schwein)
2 Eier (Größe M)
1 Zwiebel, geschält und fein gewürfelt
2 TL Dijon-Senf
frisch geriebene Muskatnuss
   (nach Belieben)
Salz und Pfeffer aus der Mühle

Füllung

50 g Schweineschmalz
1 Zwiebel, geschält und fein gewürfelt
500 g frisches Sauerkraut
1 Apfel, fein gewürfelt
2 Lorbeerblätter
¼ l Weißwein
150 g Frischkäse
1 TL Honig
2 schöne Wirsingblätter (ohne Strunk)
Salz und Pfeffer aus der Mühle

▌Zuerst wird die Füllung zubereitet. Dafür in einem Topf das Schmalz auslassen und die Zwiebel darin andünsten. Das Sauerkraut und die Apfelwürfel zufügen, ebenso die Lorbeerblätter, und alles kräftig durchschmoren lassen. Mit Salz und Pfeffer würzen. Weißwein nach und nach zufügen und bei mittlerer Hitze ca. eine halbe Stunde im offenen Topf weiterschmoren, bis die Flüssigkeit fast vollständig verkocht ist.

▌Zum Schluss den Frischkäse untermengen, nochmal mit Salz, Pfeffer und Honig abschmecken. Die Wirsingblätter kurz blanchieren.

▌Backofen auf 200 °C vorheizen. Jetzt für den Hackbraten die Brötchen in Wasser einweichen. Das Hackfleisch mit Eiern, Zwiebelwürfeln und Senf gut vermengen. Mit Salz, Pfeffer und, nach Belieben, Muskatnuss würzen. Die Brötchen gut ausdrücken, ebenfalls unter die Hackmasse geben und durchkneten.

▌Nun die Fleischmasse halbieren und eine Hälfte auf ein mit Backpapier ausgelegtes Backblech geben. Die Wirsingblätter darauf verteilen und mit dem Sauerkraut belegen. Die restliche Hackmasse darübergeben, gut andrücken und zu einem Laib formen. Für etwa 30 bis 45 Minuten im Backofen garen.

▌**Mein Tipp:** Als Beilage Rosmarinkartöffelchen mit viel frischem Knoblauch und mit gutem Olivenöl beträufelt. Der Aufwand ist sehr gering, denn die Kartoffeln können gleichzeitig mit dem Hackbraten im Backofen gegart werden.

Oma und Opa haben das Sauerkraut immer selbst gemacht – einfach nur lecker! Ich wollte allerdings nie dabei sein, wenn das Sauerkrautfass aufgemacht wurde. Wer den Geruch kennt, weiß, warum ich mich davor gedrückt habe.

Ich liebe Hack. Und ich hoffe, Ihr Fleischermeister tut das auch. Dann bereitet er es nämlich so frisch zu, dass Sie es nach dem morgendlichen Einkauf auch abends noch bedenkenlos zubereiten können. Allerdings könnten Sie auch mal über die Anschaffung eines Fleischwolfes nachdenken. Früher fand sich der in jeder Küche. Heute gibt es für viele Küchenmaschinen auch Fleischwolf-Aufsätze, so dass das Ganze elektrisch unkompliziert geht, ohne erst mal das Ding an den Küchentisch zu schrauben. Der Riesenvorteil am eigenen Fleischwolf ist: Sie sehen das Fleisch im Vorher/Nachher-Vergleich. Das kann ungemein beruhigen.

Achten Sie beim Fleischkauf darauf, dass das Hackfleisch einen ordentlichen Fettanteil hat, sonst schmeckt es fad. Das gilt natürlich nicht für Beef(steak)hack oder Hack für Tartar. ▌

Linseneintopf

Für 4 Personen

200 g Suppenfleisch vom Rind
   (z.B. Leiter)
200 g dicke Rippe
200 g Bauchspeck oder
   Kasselernacken
1 Zwiebel, geschält und geviertelt
1 l Wasser
6 Kartoffeln
200 g Möhren
200 g Knollensellerie
200 g Lauch
400 g braune Linsen, am Vorabend
   in Wasser eingeweicht
½ Bd. Majoran
2 Lorbeerblätter
1 l Gemüsebrühe
Cayennepfeffer
Salz und Pfeffer aus der Mühle

▌ Das Fleisch und die geviertelte Zwiebel in einen Topf geben und mit Wasser auffüllen, dass alles gut bedeckt ist. Mit etwas Pfeffer würzen, aufkochen lassen und für ca. 60–70 Minuten bei mittlerer Hitze garköcheln.

▌ In der Zwischenzeit das Gemüse putzen, abbrausen und in kleine Würfel schneiden. Nachdem das Fleisch gar ist, herausnehmen, etwas abkühlen lassen, in Stücke schneiden und zur Seite stellen. Die gekochte Zwiebel aus der Brühe nehmen und wegwerfen.

▌ Nun Linsen, Gemüse, Majoran, Lorbeerblätter in die Fleischbrühe geben und mit der Gemüsebrühe auffüllen. Die Suppe nochmals ca. 20–30 Minuten köcheln lassen. Vor dem Servieren die Fleischstücke kurz darin erhitzen. Mit Salz und Cayennepfeffer abschmecken.

▌ **Mein Tipp:** Zur Verfeinerung des Geschmacks – es muss nicht immer Essig sein! Etwas Sahne aufkochen, die geriebene Schale einer unbehandelten Zitrone hineingeben, mit Curry abschmecken und mit einem Pürierstab kurz aufschäumen. Den Schaum vor dem Servieren über die Linsensuppe geben.

Natürlich kann man die Suppe auf einem Suppenteller anrichten. Wenn Sie sie als Snack zwischendurch servieren möchten, verwenden Sie Berglinsen und richten Sie die Suppe in Sektgläsern an.

▌ Ich bin wirklich froh, dass die gute alte Linse wieder den Weg zurück auf unsere Tische gefunden hat, denn mit Linsen kann man so einiges anstellen. Und es lohnt es sich, diese Suppe mit verschiedenen Linsen auszuprobieren. Es gibt ja auch Sorten, die nicht eingeweicht werden müssen. Manchmal ist zu lesen, dass Linsen generell nicht eingeweicht werden müssen. Ich vertraue da aber auf meine Tante Gerda, die immer sagte, dass Tellerlinsen eingeweicht gehören, die kleinen braunen oder grauen Sorten nicht. ▌

Schnitzel vom Schwein
»Das nicht so feine Schnitzel«

Für 4 Personen

4 Schweineschnitzel (je ca. 120 g)
  aus der Ober- oder Unterschale
1 EL Öl für die Folie
2 Eier (Größe M)
3 EL geschlagene Sahne oder Wasser
50 g Mehl, gesiebt
150 g Semmelbrösel
180 g Butterschmalz
2 EL geklärte Butter
1 unbehandelte Zitrone
Salz und Pfeffer aus der Mühle

▐ Die Schnitzel zwischen zwei Lagen Frischhaltefolie, die vorher mit etwas Öl bestrichen wurden, dünn ausklopfen und mit Salz und Pfeffer würzen.

▐ Die Eier und die geschlagene Sahne mit einer Gabel in einer flachen Schüssel verquirlen. Mit Salz und Pfeffer würzen.

▐ Das gesiebte Mehl und die Semmelbrösel in einen tiefen Teller geben. Nun die Schnitzel in Mehl wenden, überschüssiges Mehl abklopfen, dann durch die Eimasse ziehen und anschließend in den Semmelbröseln panieren. (Wichtig: Die Panade gut andrücken!) In einer tiefen Pfanne Butterschmalz und geklärte Butter erhitzen und die Schnitzel darin von beiden Seiten goldgelb ausbacken. Dabei die Pfanne gelegentlich hin und her schwenken.

▐ Die Schnitzel aus der Pfanne nehmen, auf Küchenkrepp abtropfen lassen und mit je einer Zitronenscheibe servieren. Als Beilage empfehle ich Bratkartöffelchen oder hausgemachten Kartoffelsalat.

▐ **Mein Tipp:** Die Panadenhülle sorgt dafür, dass das Umhüllte außen knusprig wird und innen saftig bleibt. Jeder kennt die typische Panade. Für den Abend könnte sie auch einmal anders aussehen, besonders bei Fingerfood, z.B. mit Parmesan, frischen Kräutern, Nüssen oder Kokosflocken.

Es muss nicht immer Kalb- oder Schweinefleisch sein! Wie wär's mal mit Kaninchen-, Putenbrust- oder Lammfilet?

▌ Selbst in einem Schnitzel noch Sahne unterzubringen, denken Sie bestimmt, kann nur 'ne Lichter-Idee sein ... Weit gefehlt! Die Sache mit der Schlagsahne in der Eimasse habe ich mir bei Johann abgeguckt, und wenn Sie es für albernes Sterne-Chichi halten, muss ich Ihnen sagen: Ne, es wirkt. Die Panade wird dadurch irgendwie fluffiger. Bilde ich mir jedenfalls ein. Bestimmt liegt das daran, dass das Schlagsahnewölkchen im Butterschmalz so verdampft, dass es die Panade aufpustet. ▌

Hähnchen
mit Pernod und Knoblauch

Für 4 Personen

2 frische, bratfertige Hähnchen
2 Zweige Rosmarin
2 Zweige Thymian
4 Lorbeerblätter
Küchengarn
1 EL Öl
4 EL Pernod (Anisschnaps)
1 EL Fenchelsamen
4 Knoblauchzehen
750 g Drillinge
   (kleine frische Kartöffelchen)
120 g Butter
Salz und Pfeffer aus der Mühle

■ Backofen auf 200 °C vorheizen. Die Hähnchen innen mit Salz und Pfeffer würzen. Rosmarin, Thymian und Lorbeerblätter gleichmäßig im Bauch der Hähnchen verteilen. Nun die Keulen der Hähnchen mit Küchengarn zusammenbinden. Öl in einem ofenfesten Topf erhitzen und die Hähnchen von allen Seiten scharf anbraten. Mit Salz und Peffer würzen.

■ Pernod und Fenchelsamen über die Hähnchen geben. Die ungeschälten Knoblauchzehen und Drillinge rundherum mit in den Topf legen. Zudecken und in den vorgeheizten Backofen schieben.

■ Je nach Größe müssen die Hähnchen 50 bis 60 Minuten garen. Für die letzen 15 Minuten den Deckel vom Topf nehmen, damit die Haut schön Farbe bekommt und kross wird.

■ Hähnchen aus dem Ofen holen. Die Bratensauce in einen kleinen Topf abgießen, Fett abschöpfen und den verbleibenden Fond abmessen. Für 100 ml Fond verwendet man 100 g eiskalte Butter, für 80 ml 80 g Butter usw. Den Fond erhitzen und die Butter in kleinen Stücken nach und nach hineingeben.

■ Die Hähnchen mit den Kartoffeln und der Sauce servieren.

■ **Mein Tipp:** Bratenfond kann man leicht binden, indem man nach und nach Butterstückchen einschwenkt. Verwenden Sie dabei keinen Schneebesen, denn die Sauce soll nicht schaumig werden.

> Die Butterwürfel müssen eiskalt sein, der Bratenfond heiß, denn dieser Temperaturunterschied bewirkt eine Emulsion. Danach nicht mehr Aufkochen lassen.

Hähnchen finde ich ja unglaublich lecker, im Grunde könnte ich die einmal die Woche in den Ofen schieben. Wenn man Bilder im Fernsehen sieht von diesen Massenhühnerproduktionsfabriken, vergeht einem aber manchmal der Appetit auf den Gockel aus dem Supermarkt-Tiefkühler. Es ist aber immer so leicht gesagt, dass so ein Flattermann in Bio-Qualität gekauft werden sollte. Des Geschmacks wegen. Und des Gewissens wegen. Denn ein Brathähnchen in Bioqualität in einer Größenordnung von 1,5 bis 2 Kilo kostet zwischen 15 und 20 Euro, das ist einfach so, und das macht das Ganze zum Luxusprodukt. Machen Sie es, wenn Sie es können, aber schämen Sie sich nicht, wenn Sie es nicht machen. Für beide Fälle gilt jedoch: Misshandeln Sie das Hähnchen nicht auch noch damit, dass Sie es in einer Fritteuse zu einem Gummihuhn frittieren, das nicht einmal Gottlieb Wendehals mit auf Tournee nehmen würde.

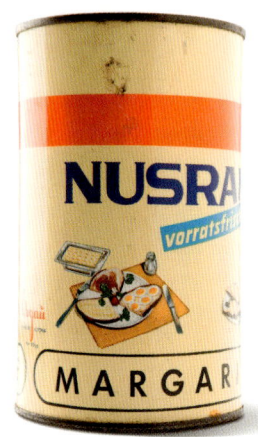

Eisbein
mit Kräuter-Kartoffelpüree und Friséesalat

Für 4 Personen

4 Eisbeine, gepökelt (je 500g)
1 Bund Suppengrün
3 Lorbeerblätter
5 Pimentkörner
6 Pfefferkörner
Salz und Pfeffer aus der Mühle

Kartoffelpüree

1 kg Kartoffeln
1 Knoblauchzehe, geschält
50 g Butter
50 ml Milch
2 EL gehackte frische Kräuter
Salz und Pfeffer aus der Mühle

Salat

2 Köpfe Friséesalat
1 EL guter Balsamico-Essig
1 EL Zitronensaft
1 TL Senf
1 TL Honig
2 EL frische gehackte Kräuter
4 EL Sonnenblumenöl
Salz und Pfeffer aus der Mühle

▌ Die abgebrausten Eisbeine in einen großen Topf geben. Das geputzte und grob geschnittene Suppengrün und die Gewürze dazugeben. Wasser angießen, bis das Fleisch bedeckt ist. Mit Salz und Pfeffer herzhaft würzen. Ca. 2 bis 2,5 Stunden kochen lassen.

▌ Die Kartoffeln schälen, waschen und in Stücke schneiden, mit der geschälten Knoblauchzehe in Salzwasser garkochen.

▌ Nach Ende der Garzeit die Kartoffeln abgießen und durch die Kartoffelpresse drücken. Butter und Milch hinzufügen und mit einem Holzlöffel zu einem cremigen Püree verarbeiten. Mit Salz und Pfeffer würzen und zum Schluss nach Belieben die frischen Kräuter untermengen.

▌ Den Friséesalat putzen, abbrausen und in mundgerechte Stücke zupfen.

▌ Alle Zutaten für die Vinaigrette bis auf das Sonnenblumenöl vermischen und mit dem Schneebesen gründlich durchrühren. Zum Schluss das Öl tropfenweise unterrühren. Die Sauce nochmal abschmecken und kurz vor dem Servieren mit dem Salat vermengen.

▌ Die Eisbeine aus dem Topf nehmen, die Speckschwarte entfernen und das Fleisch warmstellen. Die Speckschwarte in kleine Würfel schneiden, in eine feuerfeste Form oder auf ein Backblech geben und mit Honig bepinseln. Bei ca. 180 °C im Backofen schön knusprig braten.

Schon als Kind, ich hab's vor Ohren, als wär's gestern gewesen, habe ich mich gefragt, wovon die Rede ist, wenn es zu Hause »Eisbein« geben sollte. Es war für mich einfach ein Rätsel, wo sich das Eis im Topf wiederfindet. Und später dann, als selbst ich begriffen hatte, dass ein heiß zubereitetes Essen nur schwerlich gefrorene Wasserbestandteile enthalten könne (der ganze Stickstoffschnickschnack der Molekularküche war noch weit entfernt), dachte ich noch, dass man ein Eisbein vor der Zubereitung auf eine ganz besondere Art und Weise eingefroren hatte. Das empfand ich auch als sinnvoll, denn bei uns fand so mancher Braten mit Zwischen-stopp in der Tiefkühltruhe den Weg auf den Tisch. Es gibt, soweit ich weiß, keine 100%ig eindeutige Erklärung. Die Online-Enzyklopädie Wikipedia erklärt, dass wahrscheinlich das althochdeutsche Wort īsbēn für »Hüftbein« Pate stand und das aus dem Lateinischen von Ischia (»Hüftgelenk«) entlehnt sein könnte. Mein Problem an der Erklärung ist nur, dass das Eisbein alles andere als ein Stück Hüfte ist, nämlich der Teil des Schweinebeins zwischen Knie und Fuß. Und seitdem ich das gelesen habe, frage ich mich auch, was Tante Getrud meint, wenn sie sagt: »Boa, Jung, ich hab heut wieder ein Ischias, verdammich noch mal!«

Kleine Leckerchen

Es ist Ihnen wahrscheinlich schon aufgefallen: Ich mag das Wort LECKER. Im Grunde ist es mir nämlich wirklich wurscht, was bei mir auf dem Teller landet – solange es lecker ist.

Wussten Sie, dass das Wort lecker etwas mit einem unserer schönsten Sinne zu tun hat, dem Geschmackssinn? In der Jägersprache ist der Lecker, im Grunde ganz wörtlich genommen, die Zunge eines Tieres. Der Geschmackssinn setzt sich bei uns zusammen aus dem Geruchssinn der Nase und dem Geschmackssinn im Mund. Dieser wiederum bezieht Informationen über Form, Konsistenz, Temperatur oder eben auch den Geschmack dessen, was wir uns gerade in den Mund schieben, aus den sogenannten Geschmacksknospen. Die lümmeln sich zum kleineren Teil in Gaumen, Rachen, Speiseröhre und zum bedeutend größeren Teil eben auf der Zunge. Dem Lecker.

Dieses unglaublich gefährliche Halbwissen ist natürlich nicht auf meine eigene Forschungsarbeit zurückzuführen, das hat mir mein HNO-Arzt, ein ganz netter Doktor, so erklärt, dass selbst ich es einigermaßen verstehe. Noch was Interessantes hat er über den Geschmack gesagt – und das ist jammerschade: Die Anzahl der Geschmacksknospen nimmt im Alter deutlich ab. Daraus ergeben sich natürlich ein paar Tipps:

1. Essen Sie möglichst schon im jungen Alter gut und teuer, morgen ist es vielleicht zu spät, um den Unterschied zwischen Kobe-Rind und Kaisergranat schmecken zu können.

2. Passierte Kost, die man eventuell aus Ermangelung an Zähnen später im Seniorenheim gereicht bekommt, schmeckt womöglich gar nicht immer gleich – Sie schmecken nur das Aroma des passierten weißen Alba-Trüffels nicht mehr so durch.

3. Sterneköche sollten immer darauf achten, dass sie im höheren Alter einen jungen Chefkoch an der Hand haben. Wer weiß, mit wie viel Salz sonst das Champagner-Hummersüppchen abgeschmeckt wird.

In diesem Kapitel also ein paar meiner kleinen Lieblings-Leckereien. Man könnte auch sagen: Essen, das ich mir besonders gern auf die Zunge lege. ∎

ELTON
LECTROGRAPHI
RECORD

"HIS MASTER'S VOICE"

A GAY CABALLERO
(CRUMIT)
FRANK CRUMIT

TENOR
In English
with Orch.
(7-2245)

SPEED 78
Cat. No.
B
3054

COPYRIGHT
CAMPBELL
CONNELLY
& CO.

Record manufactured by THE GRAMOPHONE CO., LTD., Hayes, Middlesex, England.

Kartoffelsalat
mit Speck und Mettwurst im Biermantel

Für 4 Personen

1 kg Kartoffeln (festkochend)
¼ l heiße Brühe
4 EL Weinessig
4 TL Zucker
3 EL Öl
½ Salatgurke
4 Tomaten
1 Bund Dill
4 Mettwürstchen, geräuchert
4 EL Schweineschmalz
4 EL Mehl
1 Ei
4 cl Lichters Lecker Bierchen (oder
   ein anderes helles Bier)
100 g durchwachsener Speck,
   fein gewürfelt und ausgelassen
1 Zwiebel, geschält, gewürfelt
   und im Speckfett gebräunt
1 EL Butter
Salz und Pfeffer aus der Mühle

▌ Die Kartoffeln in Salzwasser garkochen, abschrecken, auskühlen lassen, pellen und in schöne, nicht zu dünne Scheiben schneiden.

▌ Aus Brühe, Essig, Zucker, Salz und Pfeffer eine Salatsauce bereiten. Zum Schluss tropfenweise das Öl hinzugeben. Die Sauce über die Kartoffeln gießen. Die Salatgurke und die Tomaten halbieren, von den Kernen befreien, in Streifen schneiden und zu den Kartoffeln geben. Den Dill fein hacken und untermischen. Kurze Zeit ziehen lassen.

▌ In der Zwischenzeit die Mettwurst in etwas dickere Scheiben schneiden und beidseitig im erhitzten Schmalz anbraten. Bei geringer Hitze langsam garen.

▌ Aus Mehl, Ei, Bier und Salz einen dickflüssigen Teig herstellen. Die gegarten Mettwurstscheiben in Teig tauchen und in derselben Pfanne goldgelb ausbacken. Wenn nötig, noch etwas Schweineschmalz hinzufügen.

▌ Vor dem Servieren den fein gewürfelten, ausgelassenen Speck und die gewürfelte, im Speckfett gebräunte Zwiebel auf den Kartoffelsalat geben, vorsichtig untermengen und mit der Mettwurst im Biermantel auf Tellern anrichten.

▌ Das Gericht kann mit einem Spiegelei abgerundet werden.

Ob Prinzess, Maja, Desirée, oder Sieglinde – wie gut die Kartoffelgerichte schmecken und gelingen, hängt von der Knollensorte ab. Viele Menschen kaufen einfach blind KARTOFFELN. Egal was, Hauptsache KARTOFFELN. Aber es ist doch wie im Leben: Keine Dame eignet sich für alle Zwecke gleich gut. Ein Kartoffelpüree aus einer mehligkochenden Sorte wie Afra oder Bintje wird immer besser sein als eines aus einer festkochenden Nicola. Und glauben Sie ja nicht, die vorwiegend festkochenden Sorten gehen immer ... NEIN, nicht einfach Kartoffeln kaufen, sondern in den Rezepten nachlesen, welche Eigenschaft die Kartoffel haben sollte oder auf dem Markt dem Händler mitteilen, für welches Gericht die Kartoffeln benötigt werden. Die schlauesten Bauern haben nämlich nicht nur die dicksten, sondern auch oft die besten Kartoffeln.

Himmel und Erde
mit Birnen

Für 4 Personen

1 kg Kartoffeln (mehligkochend)
750 g reife Birnen
1 EL Zucker
Saft von einer Zitrone
20 g Butter
200 ml Milch oder Sahne
100 g durchwachsener Speck (Bacon)
frisch geriebene Muskatnuss
4 Zwiebeln
40 g Butterschmalz
Puderzucker
2 Ringe Blutwurst oder
   1 Ring Blut- und 1 Ring Leberwurst
Salz und Pfeffer aus der Mühle
Mehl zum Mehlieren

Sauce

2 Schalotten
1 EL Öl
½ l Brühe
150 ml Sahne
2 TL mittelscharfer Senf
20 g kalte Butter
Salz und Pfeffer aus der Mühle

▮ Die geschälten Kartoffeln in Salzwasser garkochen. Birnen schälen, entkernen, in Spalten schneiden und in etwas Wasser ca. 5 Minuten mit Zucker und Zitronensaft dünsten. Die Kartoffeln mit einem Stampfer oder einer Kartoffelpresse zerdrücken. Butter und erwärmte Milch oder Sahne unterrühren. Das Püree mit Salz, Pfeffer und Muskatnuss würzen. Die abgetropften Birnenspalten vorsichtig unter das Püree heben. Warmstellen.

▮ Die Zwiebeln schälen und in Ringe schneiden. 20 g Butterschmalz in einer Pfanne auslassen, die Zwiebelringe hinzugeben, mit etwas Puderzucker bestäuben und goldbraun backen. Mit Salz abschmecken.

▮ Blutwurst in ca. 1 cm dicke schräge Scheiben schneiden und das restliche Butterschmalz in einer weiteren Pfanne erhitzen. Die Blutwurstscheiben in etwas Mehl wenden und die mehlierten Scheiben in der zweiten Pfanne von jeder Seite ca. 1 Minute braten.

▮ Das Kartoffelpüree auf einem Teller anrichten, darauf die gebratenen Wurstscheiben verteilen und zum guten Schluss die karamellisierten Zwiebelringe daraufgeben.

▮ **Mein Tipp: Dazu ein lecker Sößchen.**
Schalotten schälen, in kleine Würfel schneiden und im Öl glasig dünsten. Mit der Brühe auffüllen und zum Kochen bringen. Erst die Sahne, dann den Senf hinzugeben und wiederum köcheln lassen, bis der Senf bindet. Zum Schluss die gut gekühlte Butter nach und nach einrühren und mit Salz und Pfeffer abschmecken.

■ Himmel-und-Erde-Rezepte gab es unter verschiedenen Namen in diversen Landstrichen in unterschiedlichen Variationen. Ein ganz altes Gericht, das in Schlesien genauso bekannt war wie im Rheinland. Bei dieser Variante übernimmt neben den Erdäpfeln die Birne den Part des Himmels.

Die Birne kommt oft zu kurz in der Küche und fristet ihr Dasein vielleicht gerade mal zwischen Bohnen und Speck. Dabei hat eine ganz reife Birne einen so tollen, süßen Geschmack, dass er einfach perfekt zu so etwas Deftigem wie Blutwurst passt. (Kennen Sie das? Sie haben Chips genascht und haben das Verlangen, danach am liebsten Schokolade zu schnabbeln?)

Kennen Sie Birnensenf? Ist ganz schwer zu kriegen und schmeckt einfach Weltklasse zu Käse, besser noch als Feigensenf. Wenn Sie Birnensenf bekommen, ist der meist sehr teuer. Ich habe neulich ein Minigläschen für 12 Euro im Feinkosthandel gesehen, und da war gar kein Senf drin, sondern nur Senfaromastoffe. Die bezaubernde Frau eines Freundes hat mir einen sensationellen Tipp gegeben: Kaufen Sie Birnenmarmelade oder Birnengelee, und mischen Sie die einfach mit Ihrem Lieblingssenf, den Sie eh im Kühlschrank haben. So können Sie den Schärfegrad und die Süße selbst bestimmen ... Sie werden zu Käse nie mehr etwas anderes wollen. ■

Berliner

Für ca. 16 Stück

Teig
21 g frische Hefe
¼ l lauwarme Milch
500 g Mehl
2 Eier
2 Eigelb
75 g Butter
30 g Zucker
1 Prise Salz

Füllung
1 Glas Aprikosenkonfitüre
reichlich Puderzucker
Füllspritze

Zum Ausbacken
2 kg Butterschmalz

▌Aus den angegebenen Zutaten einen recht geschmeidigen Hefeteig bereiten (siehe Seite 57) und an einem warmen Ort ca. 20–30 Minuten gehen lassen. Nochmals gut durchkneten und auf einem bemehlten Holzbrett ca. 3 cm dick ausrollen. Mit einer Tasse Kreise ausstechen. Nun mit einer Füllspritze von der Seite her mittig jeweils einen halben Löffel Aprikosenkonfitüre einspritzen. Den Rand gut verschließen und die Berliner nochmals um die Hälfte gehen lassen.

▌Butterschmalz in einer Fritteuse oder in einem großen Topf auf max. 175 °C erhitzen und die Berliner im heißen Schmalz von beiden Seiten in jeweils 4–5 Minuten goldbraun backen. Herausnehmen, auf Küchenkrepp abtropfen lassen und noch warm mit Puderzucker bestäuben.

▌**Mein Tipp:** Selbstverständlich kann man auch eine andere Marmelade für die Füllung der Berliner nehmen, und am besten schmeckt natürlich selbst gemachte Marmelade.

Für meinen Hefeteig verwende ich nur leicht angewärmte Zutaten. Ich nehme immer nur frische Hefe, da ich so gar kein Fan von Trockenhefe bin. Die frische Hefe zerbrösle ich, löse sie in etwas lauwarmer Milch auf, vermische das Ganze mit etwas Mehl und stelle es an einen warmen Ort zum Aufgehen. Wenn die Masse Blasen wirft, ist sie genug gegangen und sollte weiterverarbeitet werden.

Im Gegensatz zu vielen andere Hefeteigrezeptschreiberlingen setze ich der Hefe keinen Zucker zu, da das Aufgehen des Teiges dadurch beeinträchtigt wird. Auf alle Fälle sollten Sie folgende Tipps beachten:

Vermeiden Sie, dass Salz mit der Hefe in Berührung kommt oder dass die Milch zu heiß ist. Andernfalls ist das Misslingen des Teigs vorprogrammiert. Wenn der Hefeteig nicht aufgeht, hat es gar keinen Zweck, große Experimente zu wagen. Entweder hat man selbst Schuld, weil die Milch zu heiß war, wodurch die für die Gärung zuständigen Pilze vernichtet wurden, oder aber die Milch war zu kalt (so ein Pilz ist wirklich ein anstrengender Zeitgenosse, das passt ihm nämlich auch nicht, er kann sich bei Kälte nicht so gut vermehren), oder die Hefe ist schon zu alt und die Gärungspilze sind bereits abgestorben. Das sieht man der Hefe aber meistens an – nicht nur am Haltbarkeitsdatum.

Eingelegte Bratheringe

Für 4 Personen

8–12 grüne Heringe
   (insgesamt etwa 1,25 kg)
50 g Mehl
3 EL Öl
Salz

Sud

¼ l guter Weinessig
¼ l Wasser
2 Lorbeerblätter
1 EL Senfkörner
375 g Zwiebeln, geschält
   und in Ringe geschnitten
Salz
Zucker

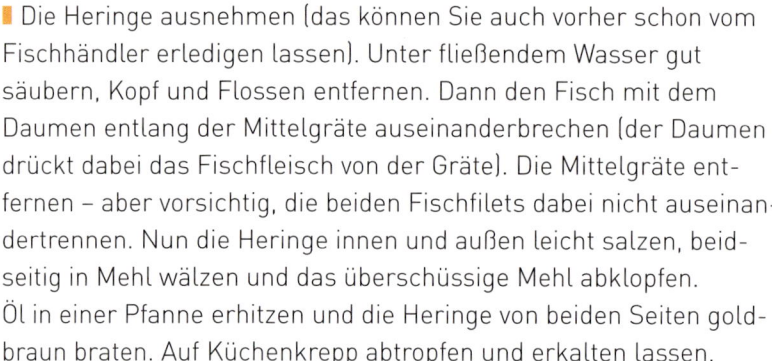

■ Die Heringe ausnehmen (das können Sie auch vorher schon vom Fischhändler erledigen lassen). Unter fließendem Wasser gut säubern, Kopf und Flossen entfernen. Dann den Fisch mit dem Daumen entlang der Mittelgräte auseinanderbrechen (der Daumen drückt dabei das Fischfleisch von der Gräte). Die Mittelgräte entfernen – aber vorsichtig, die beiden Fischfilets dabei nicht auseinandertrennen. Nun die Heringe innen und außen leicht salzen, beidseitig in Mehl wälzen und das überschüssige Mehl abklopfen. Öl in einer Pfanne erhitzen und die Heringe von beiden Seiten goldbraun braten. Auf Küchenkrepp abtropfen und erkalten lassen.

■ Aus Weinessig, Wasser, Lorbeerblättern, Salz, Zucker und den Senfkörnern den Sud bereiten, zum Kochen bringen. Die in Ringe geschnittenen Zwiebeln dazugeben und einmal kurz in dem Sud aufkochen lassen. Den Sud über die erkalteten Bratheringe gießen. Die Fische müssen ganz von dem Sud bedeckt sein.

■ Mindestens einen Tag, besser zwei Tage zugedeckt im Kühlschrank durchziehen lassen. Die Bratheringe halten sich mindestens eine Woche lang.

Einfach eine Scheibe Bauernbrot dick mit guter Butter bestrichen oder aber lecker Pellkartöffelchen mit Speck dazu reichen.

Das Konservieren von Lebensmitteln mittels Essig ist neben dem Trocknen und dem Einsalzen eine der ältesten Arten, Essbares haltbar zu machen. Schlaue Leute sagen, bereits die alten Römer haben die unterschiedlichsten Produkte aus ihrem Reich zusammengetragen und in Essig konserviert. Ganz, ganz wichtig dabei ist damals wie heute der Essig selbst. Eine Ein-Liter-Flasche für 39 Cent erfüllt den Zweck, dass die eingelegten Heringe nicht verderben, natürlich auch. Aber: Er gibt halt auch Geschmack an das

Fischlein ab. Schmeckt der Essig nicht, ist der Fisch für die Katz.

Wenn Sie die Gelegenheit haben, probieren Sie sich einfach durch, vielleicht bei Freunden, die einen Lieblingsessig haben, oder in Geschäften, die Essig lose in Flaschen abfüllen. Es gibt auch von vielen Sorten und Firmen kleine Probiergrößen zu kaufen. Sie werden verblüfft sein, wie viele unterschiedliche Dinge Sie rausschmecken werden!

Kartoffelpüree
mal ganz anders

Für 4 Personen

1 kg Kartoffeln (mehligkochend)
100 g Butter
200 ml Sahne oder Milch
400 g Kalbsleberwurst
frisch geriebene Muskatnuss
2 EL Öl
8 Wachteleier
½ Bund Blattpetersilie
Salz und Pfeffer aus der Mühle

▌ Kartoffeln schälen, waschen, vierteln, in Salzwasser garkochen und abgießen. Die gekochten Kartoffeln durch die Kartoffelpresse drücken. Zuerst Butter und Sahne hinzufügen, dann die Kalbsleberwurst. Die Kartoffelmasse zu einem Püree vermengen. Mit Salz, Pfeffer und Muskatnuss herzhaft abschmecken. Warm halten.

▌ Öl in einer Pfanne erhitzen und die Wachteleier nach und nach darin braten. Mit Salz würzen. Die Spiegeleier auf dem Püree anrichten und mit etwas gehackter Blattpetersilie garnieren.

▌ **Mein Tipp:** Als Beilage empfehle ich einen Salat der Saison mit einer herzhaften Vinaigrette.

▌ Es muss ja nicht immer ein Hühnerei sein. Deswegen habe ich mich für die feinere Variante mit dem Wachtelei entschieden. Wenn Sie völlig ausgehungert oder ein echter Vielfraß sind, tut es natürlich auch ein Straußenei. Und täuschen Sie sich nicht: Durch die Leberwurst ist das hier keine Beilage, sondern ein eigenständiges, vollständiges, irrsinnig leckeres Gericht! ▌

Kotelette-Kartoffel-Pfanne

Für 4 Personen

10 mittelgroße Kartoffeln
   (festkochend)
3 rote oder/und gelbe Paprika
4 Zwiebeln
2 Knoblauchzehen
8 reife Tomaten, entstielt
   und enthäutet
2-3 EL Olivenöl
2 Zweige frischer Majoran
   oder 1 TL getrockneter Majoran
2 Zweige frischer Oregano
   oder 1 TL getrockneter Oregano
4 Schweinekoteletts,
   durchwachsen (je ca. 150 g)
1 EL Butterschmalz
50 g Parmesankäse, gerieben
Salz und Pfeffer aus der Mühle
Zucker

▌ Den Backofen auf 180 °C vorheizen.

▌ Kartoffeln schälen und in Spalten schneiden. Paprika entkernen, Zwiebeln schälen und beides ebenfalls in Spalten schneiden. Den Knoblauch schälen und fein hacken.

▌ Die Hälfte der Tomaten pürieren und mit Salz und Zucker abschmecken, die andere Hälfte in grobe Stücke zerteilen.

▌ Auf einem Backblech Kartoffeln, Paprika, Zwiebeln, Tomatenstücke und Knoblauch gleichmäßig verteilen und kräftig mit Salz und Pfeffer würzen. Mit Olivenöl und dem Tomatenpüree beträufeln und die gehackten Kräuter darüberstreuen. Für ca. 40–45 Minuten im Backofen garen. Zwischendurch wenden.

▌ In der Zwischenzeit die Koteletts abbrausen, trockentupfen und beidseitig mit Salz und Pfeffer würzen. Butterschmalz in einer Pfanne erhitzen und die Koteletts darin scharf anbraten. Etwa 10 Minuten, bevor das Gemüse im Backofen gar ist, die Koteletts auf das Gemüse legen und mit dem geriebenen Parmesankäse bestreuen. Herausnehmen, sobald der Käse schön zerlaufen ist.

Bei diesem Gericht ist man keinesfalls
an eine bestimmte Fleischsorte gebunden.
Devise hier: Erlaubt ist, was schmeckt.

Was ist eigentlich der Unterschied zwischen Oregano und Majoran? Keine Ahnung, aber rufen Sie doch im Gewürzladen von Alfons Schuhbeck in München an. Die Verwandtschaft der beiden ähnelt wohl der von zweieiigen Zwillingen. Oder von viereiigen Vierlingen. Die beiden haben ja im Lateinischen auch ganz andere Namen: Origanum vulgare und Origanum majoran. Potzblitz. Aber für dieses Gericht ist es unglaublich wichtig, dass Sie sich akribisch an jede Zutat halten. Sonst passiert was!

Cordon Bleu
vom Geflügelbrustfilet,
gefüllt mit Parmaschinken und Frischkäse

Für 4 Personen

4 Geflügelbrustfilets (je ca. 150 g)
4 Scheiben Parmaschinken
150 g Frischkäse
1 Eigelb
2 EL Mehl
4–5 EL Sesam
400 g grüne Bandnudeln
1 Schalotte
1 Knoblauchzehe
2 EL Öl
5 reife Tomaten, entstielt, enthäutet
   und in grobe Stücke geschnitten
2 EL frische gehackte Kräuter
Salz und Pfeffer aus der Mühle
Zucker (nach Belieben)
4 Zahnstocher

▌ Den Backofen auf 175 °C vorheizen.

▌ Geflügelbrustfilets abbrausen und trockentupfen. Waagerecht längs einschneiden und aufklappen. Die Schnittflächen mit Frischhaltefolie belegen und mit einem Plattiereisen (ersatzweise mit einem Messer oder einer kleinen Pfanne) flachklopfen.

▌ Die Filets nun jeweils mit einer Scheibe Parmaschinken belegen und den Frischkäse gleichmäßig darauf verteilen. Zuklappen und mit Zahnstochern feststecken.

▌ Das Eigelb verquirlen und kräftig mit Salz und Pfeffer würzen. Die Filets im Mehl wenden, durch die Eiermasse ziehen und dann in Sesam wälzen. Die Nudeln in Salzwasser bissfest kochen.

▌ Schalotte und Knoblauch abziehen, beides fein würfeln und in 1 EL Öl andünsten. Tomaten und frische Kräuter hinzufügen und 10 Minuten köcheln lassen. Mit Salz, Pfeffer und, nach Belieben, mit etwas Zucker herzhaft abschmecken.

▌ Das übrige Öl in einer ofenfesten Pfanne erhitzen und das Fleisch darin von beiden Seiten anbraten. In den vorgeheizten Backofen schieben und in ca. 15 Minuten knusprig braten.
Die Nudeln abgießen und mit der Geflügelbrust und der Tomatensauce servieren. Mit frischen Kräutern garnieren.

▌ **Meine Brat-Tipps:**
• Unpanierte Kalbs-, Schweine- und Putenschnitzel, Geflügelbrustfilets (etwa 1 cm dick): 6–8 Minuten
• Panierte Schnitzel (etwa 1 cm dick): 10–12 Minuten
• Panierte Schweinekoteletts (etwa 2 cm dick): 10–12 Minuten
• Bratwürste (je nach Dicke): 6–10 Minuten
• Frikadellen (je nach Dicke): 8–12 Minuten

Man kann mich nachts wecken, und ich könnte sofort jegliche Art von paniertem, knusprig gebratenem Schnitzelchen noch im Halbschlaf geradezu inhalieren. Wenn es sich dabei dann auch noch um Cordon bleu handelt, leck mi di Söck, dann erst recht! Ich experimentiere sehr gerne mit den verschiedenen Zutaten für so eine gefüllte Schweinerei, die in diesem Fall sogar eine Hühnerei (kein Hühner- Ei) ist. Mal ganz klassisch mit mildem Gouda und gekochtem Schinken, mal herzhaft mit ganz intensivem Almkäse und geräuchertem Schinken und mal herrlich saftig mit Frischkäse und Parmaschinken. In diesem Fall gibt die Sesam-Panade noch einen besonderen Kick. Seien Sie aber vorsichtig, Sesam brennt extrem schnell an, und dann wird das Ganze schnell bitter. ▪

ACHTUNG: Paniertes Fleisch sollte vor dem Panieren nicht gesalzen werden (Salz entzieht dem Fleisch Wasser). Dafür wird das gequirlte Ei kräftig mit Salz, Pfeffer, eventuell Tabasco und Kräutern abgeschmeckt.
Paniertes Fleisch wird zuerst in heißes Fett gelegt und dann bei mittlerer Temperatur weitergebraten.

65

Wurstsalat im Salatbeet

▌ Ein einfaches kleines Gericht für den Hunger zwischendurch. Aber wenn ich ehrlich bin, mag ich es noch lieber als etwas größere Portion als Hauptgericht mit einem schönen Berg lecker Bratkartöffelchen, die einen leichten Butterglanz haben. Dazu mein lecker Bierchen. Passt perfekt. ▌

Für 4 Personen

150 g Fleischwurst
150 g Bierwurst
150 g Blutwurst
2 Gewürzgurken
1 Zwiebel, geschält
2 EL mittelscharfer Senf
2 EL guter Kräuteressig
3 EL Öl
1 Salatkopf
   (Kopfsalat, Eisberg oder Radicchio)
1 Bund Schnittlauch
2 hartgekochte Eier,
   in Scheiben geschnitten
2 Tomaten, in Scheiben geschnitten
Salz und Peffer aus der Mühle

▌ Die Pelle der Wurst abziehen und die Wurst in kleine Würfel schneiden. Zwiebeln und Gurken kleinschneiden und mit Senf und Essig verrühren. Zum Schluss tropfenweise das Öl unterrühren, mit Salz und Pfeffer abschmecken und unter die Wurstwürfel mischen. Vor dem Servieren gut zwei Stunden ziehen lassen.

▌ Den Salatkopf in einzelne Blätter zerteilen, waschen und trocknen. Die Blätter auf den Tellern auslegen und darin den Wurstsalat anrichten. Den Schnittlauch in Röllchen schneiden und darüber verteilen, mit Eier- und Tomatenscheiben garnieren.

Zwiebelkuchen

Für 4 Personen

Teig
250 g Mehl
½ Würfel frische Hefe
½ TL Zucker
⅛ l lauwarme Milch
3 EL Butter
1 TL Salz

Belag
200 g durchwachsener Speck
750 g Zwiebeln
⅛ l Milch oder Sahne
300 g Crème fraîche
3 Eier (Größe M)
frisch geriebene Muskatnuss
Kümmel (nach Belieben)
Salz und Pfeffer aus der Mühle

▌ Das Mehl in eine Schüssel sieben, mittig eine Mulde hineindrücken und die Hefe hineinbröckeln. Mit Zucker und Milch zu einem Vorteig vermischen. Abgedeckt an einem warmen Ort ca. 15 Minuten gehen lassen. Butter und Salz dazugeben und zu einem glatten Teig verkneten. Nochmals abgedeckt an einem warmen Ort ca. 15 Minuten gehen lassen.

▌ In der Zwischenzeit den Speck fein würfeln die Zwiebeln schälen und in feine Ringe schneiden. Den Speck in einer Pfanne auslassen, die Zwiebeln hinzugeben und glasig dünsten. Mit Pfeffer und, nach Belieben, Kümmel abschmecken und abkühlen lassen.

▌ Den Hefeteig ausrollen und eine gefettete Springform damit auslegen (Teig am Rand hochziehen). Die Speck-Zwiebelmasse auf dem Teig verteilen. Milch, Crème fraîche und Eier verquirlen und mit Salz, Pfeffer und Muskat abschmecken. Über die Speck-Zwiebelmasse geben und im vorgeheizten Backofen bei 200 °C (Umluft 180 °C) ca. 45 Minuten backen.

■ Das Schöne an Zwiebelkuchen ist, dass er einfach in allen Temperaturstufen schmeckt. Heiß aus dem Ofen, lauwarm im Zustand des Abkühlens. Ich würde sogar sagen: Wieder aufgewärmt schmeckt er noch besser. Selbst zum Einfrieren eignet er sich hervorragend. Und noch was zum leidigen Thema Kümmel: Viele Menschen sagen vorschnell: »Kümmel mag ich gar nicht!«. »Alles klar! Da hab ich Verständnis!«, sag ich da und tu ihn trotzdem rein, denn die meisten Kümmelhasser haben in dem Moment ihre Probleme vergessen, wenn sie irgendwo eine Prise Kümmel aus Versehen zu sich genommen haben. Wenn es doch bemerkt werden sollte, lassen Sie den Kümmel einfach beim nächsten Mal weg. ■

»Fischstäbchen«
mit Curry-Ingwer-Remoulade

Für 4 Personen

Fischstäbchen
500 g Kabeljaufilet (küchenfertig)
2 EL Worcestersauce
Saft von ½ Limette
2 Eier
150 g Kokosflocken
150 g Mehl
300 g Butterschmalz
8 schöne Blätter Eisbergsalat
4 Holzspieße
Salz und Pfeffer aus der Mühle

Remoulade
1 Ei
3 Eigelb
1 EL mittelscharfer Senf
¼ l Sonnenblumenöl
10 g Ingwer
1 Schalotte
1 Knoblauchzehe
5 Cornichons
3 Zweige frischer Koriander
1 TL Curry
Saft von ½ Zitrone
2 EL Worcestersauce
Salz und Pfeffer aus der Mühle

▌Für die Remoulade das Ei hartkochen. Die Eigelbe und den Senf verrühren, nach und nach ganz vorsichtig das Öl dazugießen und mit dem Mixer cremig aufschlagen.
Ingwer schälen und fein reiben. Die Schalotte und den Knoblauch schälen und zusammen mit den Cornichons in feine Würfel schneiden. Den Koriander abbrausen und trockentupfen, die Blätter abzupfen und fein hacken. Das gekochte Ei mit kaltem Wasser abschrecken, pellen und fein hacken. Diese Zutaten vorsichtig unter die Mayonnaise mischen. Nun mit Salz, Pfeffer, Curry, dem Zitronensaft und der Worcestersauce würzen und kühlstellen.

▌Die Kabeljaufilets abbrausen, trockentupfen und in 12 gleich große Würfel schneiden. Mit der Worcestersauce und dem Limettensaft vermengen, mit Salz und Pfeffer würzen und in eine flache Form geben. Den Fisch einige Male darin wenden und anschließend einige Minuten darin marinieren.

▌In der Zwischenzeit die Eier verquirlen und mit Salz und Pfeffer würzen. Mehl und Kokosflocken jeweils in tiefe Teller geben. Den Fisch aus der Marinade nehmen und gut abtropfen lassen, zuerst in Mehl wenden, dann durch die Eiermasse ziehen und zuletzt mit den Kokosflocken panieren.

▌Je drei Fischwürfel auf einen Holzspieß stecken. Butterschmalz in einer Pfanne erhitzen und die Fischspieße darin goldbraun ausbacken. Herausnehmen und auf Küchenkrepp abtropfen lassen. Die Salatblätter abbrausen und trocknen. Nun die Fischspieße mit der Remoulade auf den Salatblättern auf Tellern anrichten.

Wer Schärfe liebt, gibt statt Worcestersauce Sweet-Chili- und Sojasauce in die Remoulade.

▮ Tausendmal gehört: Curry ist kein Gewürz, sondern eine Gewürzmischung und überhaupt im Grunde ja nicht mal das, sondern ein Gericht. Ist mir doch egal. Ich rede hier von der Gewürzmischung namens Curry: Mein absoluter Favorit ist die Mischung eines bedeutenden bayerischen Sternekochs. Es ist witzigerweise nach seinem Mischer benannt: Schuhbecks Currypulver. Ich liebe es über alles, es ist einzigartig im Geschmack. Und das Tolle ist: Alfons wäre nicht der Gewürzmischungsgott, wenn ich neben seinem Schuhbecks Curry nicht noch Madras Curry, Ayurvedischer Curry, Thai Curry, Indischer Hochzeitscurry und, und, und im Regal stehen hätte. Und was soll ich Ihnen sagen: Ich hatte sie alle ... was vielleicht auch an seinem Erotischen Curry gelegen haben könnte. Die Wirkung spüre ich noch heute! ▮

269 KM/H
269

H MIN S
22:58:49

DAT
29.04.2009

CO
AI

Schneller geht's nicht

Auf die Frage, warum auf vielen Familien-Esstischen abends eine Fertigpizza, eine Dose Ravioli oder ein paar Backofen-Pommes stehen, bekommt man oft die Antwort: »Mir fehlt einfach die Zeit!« Das mag sein. Aber:

Mal abgesehen davon, dass bei einer selbst gemachten Pizza nur das Gehen des Hefeteigs wirklich Zeit kostet, gibt es viele Gerichte, bei denen die kurze Vorbereitungszeit eben nicht zur Folge hat, dass Sie bei Ihrem Chef einen Urlaubstag einreichen müssen. Und natürlich hat die Qualität und die Leckerheit eines Gerichts nichts mit der Zubereitungszeit zu tun. Einem Minutensteak würde eine Stunde in der Pfanne nicht guttun, und wer sein Ei weich liebt, wird ab der fünften Minute nicht glücklich werden. Selbst, wenn Sie Liebhaber eines 10–Gang-Menüs sind und aus diesem Grund Lust verspüren, alle Gerichte dieses Kapitels nacheinander zuzubereiten, werden Sie bei ganz normaler Kochbegabung nicht länger als zweieinhalb Stunden in der Küche stehen.

Und damit die Familien-Tiefkühltruhe nächstes Mal genauso geschlossen bleiben kann wie die Dose mit den Ravioli, finden sich hier ein paar Gerichte, die nicht nur schnell auf dem Tisch sind, sondern auch Ihren Kindern schmecken. Damit noch genug Zeit bleibt, mit den Kleinen Hausaufgaben zu machen oder Malefiz zu spielen (wie, Malefiz wird heute gar nicht mehr gespielt? Meine Kindheit liegt halt schon einige Zeit zurück).

Als Beispiel möchte ich hier schon mal auf Nadas Hot Dogs in diesem Kapitel hinweisen. Ich habe noch KEIN einziges Menschenkind kennengelernt, das diese kroatische Variante von Würstchen im Brötchen nicht begeistert verschlungen hat. Selbst Vegetarier waren darunter. Denen können Sie aber natürlich auch ein paar »Arme Ritter« servieren, sofern sie Eier essen.

Das Kapitel fängt an mit Püree a la Mama.

Und dazu muss ich Ihnen noch kurz eine Geschichte erzählen: Ich habe ja etwas mit diesen großen Fahrzeugen, die durch ganz Europa die Waren verteilen und ohne die wir Köche viele Produkte nicht bekommen würden gemeinsam. Ich habe ein Laster. Ich bin kein Nichtraucher. Ich wäre gern einer, und nicht nur das, ich habe schon alles ausprobiert, um damit aufzuhören. Neulich habe ich was ganz Verrücktes gehört. »Werde Nichtraucher mit Kartoffeln!« Verrückt, dachte ich. Was soll der Blödsinn? Aber halt: Kartoffeln, Tomaten oder Auberginen enthalten in der Tat Nikotin! »Skandal!« werden Sie rufen, aber Tomaten, Auberginen und eben auch Kartoffeln sind Nachtschattengewächs, übrigens ebenso wie die Tabakpflanze. Und das Letztere Nikotin enthält, dürfte hinlänglich bekannt sein. Boah, habe ich gedacht, das isses. Von einem Tag auf den anderen mit dem Rauchen aufhören und statt Kaugummi und Pflaster einfach morgens, mittags, abends Tomaten, Auberginen und Kartoffeln essen. Doch die Ernüchterung folgte, als ich vor ein paar Monaten in der Talkshow von Johannes B. Kerner auf den Wissenschaftler Dr. Ulrich Nehring traf. Klar stimme das mit dem Nikotin im Nachtschattengewächs, bei der Kartoffel habe er einen Wert von ca. 7 µg/kg Nikotin ermitteln können. Eine einzige Zigarette allerdings enthält 800 µg bis 3000 µg. Das heißt, so Dr. Nehring, dass ich um die gleiche Menge Nikotin aufzunehmen, die ich bei einer Zigarette inhaliere, 114 Kilo Kartoffeln essen müsste. Und die übrigens roh, Nikotin wird beim Erhitzen nämlich abgebaut. Das Püree a la Mama also wird Ihnen bei diesem Problem nicht weiterhelfen. Aber süchtig macht es auch. ▮

Püree »à la Mama«
Kartoffelpüree mit Speck und Eisbergsalat

Für 4 Personen

1 kg Kartoffeln (mehligkochend)
5 Eier
250 g durchwachsener Speck
2 Zwiebeln, geschält
1 Eisbergsalat
1 Bund Petersilie
2 EL Pflanzenöl
100 g Butter
¼ l Sahne
frisch geriebene Muskatnuss
Salz und Pfeffer aus der Mühle

▌Kartoffeln schälen und in Salzwasser garkochen. In der Zwischenzeit die Eier hartkochen, schälen und achteln. Den Speck und die Zwiebeln in feine Streifen oder Würfel schneiden. Speck in einer Pfanne auslassen und schön knusprig anbraten, dann die Zwiebeln hinzufügen und glasig dünsten. Vom Herd nehmen und warmstellen.

▌Die großen äußeren Blätter vom Eisbergsalat entfernen (die benötigen wir zum Anrichten) und den restlichen Salat in feine Streifen schneiden. Die Petersilie grob hacken und im erhitzten Öl kurz anbacken, herausnehmen und auf Küchenkrepp abtropfen lassen.

▌Die noch heißen Kartoffeln durch die Kartoffelpresse drücken. Butter und Sahne zufügen und alles gut zu einem Püree verrühren. Mit Salz, Pfeffer und Muskatnuss würzen.

▌Speck, Zwiebeln, fein geschnittenen Eisbergsalat und die Eier vorsichtig unter das Püree heben.

▌Zum Servieren wird das Püree in den Salatblättern angerichtet und mit der Petersilie bestreut.

▌**Mein Tipp:** Dieses Gericht schmeckt kalt immer noch am besten, sogar auf einer Scheibe Brot.

Sehr einfach, aber ganz ehrlich.
Man (und Frau) kann nicht
aufhören, es zu essen.

Sie finden die Kombination von Kartoffelpüree und Eisbergsalat seltsam? Dann sage ich Ihnen mal, wie ich das Püree am allerallerliebsten esse: Ich lasse es abkühlen und verteile es auf einer Scheibe Brot.

Ich schwör Ihnen: Sie werden nicht aufhören können es zu essen. Und da es ja außerdem noch so einfach in der Zubereitung ist, steht es bei Ihnen ganz bestimmt öfter auf dem Tisch.

Armer Ritter
mit Kräuterdip

Für 4 Personen

4 Eier
½ l Milch
2 EL gehackte frische Kräuter
8 Scheiben Toastbrot oder Weißbrot
  (gerne vom Vortag)
2 EL Butter
4 Scheiben gekochter Schinken
4 Scheiben Emmentaler Käse
Salz und Pfeffer aus der Mühle

Kräuterdip

120 g Quark
60 g Crème fraîche
120 g Naturjoghurt
2 Knoblauchzehen,
  geschält und fein gehackt
1 Schalotte,
  geschält und fein gehackt
3 EL frische Kräuter, gehackt
  (nach Belieben)
1 EL Zitronensaft
Salz und Pfeffer aus der Mühle

Süße Variante

4 Eier
½ l Milch
8 Scheiben Toastbrot oder Weißbrot
  (gerne vom Vortag)
2 EL Butter
die abgeriebene Schale einer
  unbehandelten Zitrone
2 EL Zimt
50–100 g Zucker

▌ Für den Dip Quark, Crème fraîche und Joghurt verrühren. Die übrigen Zutaten hinzufügen, vermengen und mit Zitronensaft, Salz und Pfeffer herzhaft würzen.

▌ Eier mit Milch verquirlen, Kräuter hinzugeben, mit Salz und Pfeffer würzen. Rühren bis eine schöne, flüssige Masse entsteht. Die Brotscheiben nacheinander darin einweichen, bis sie komplett vollgesogen sind.

▌ Butter in einer Pfanne zerlassen und die getränkten Scheiben darin bei mittlerer Hitze backen. Wenn die Scheiben von beiden Seiten goldbraun gebacken sind, Schinken und Käse drauflegen und warten, bis der Käse geschmolzen ist. Schneller geht es, wenn die Pfanne mit einem Kochtopfdeckel zugedeckt wird.

▌ Die gebackenen Brotscheiben anrichten und den Kräuterdip dazu reichen.

Das Rezept eignet sich prima zur Verwertung von übrig gebliebenen Brötchen.

▌ **Mein Tipp: Die süße Variante**
Eier und Milch verquirlen und die Zitronenschale dazugeben. Die Brotscheiben darin einweichen und in Butter goldbraun ausbacken. Vor dem Servieren mit Zimt und Zucker bestreuen.
Geeignete Beilagen: warmes Obst, Pfirsiche, Birnen, Kirschen, Pflaumen mit Vanillesauce.

> Von wegen »Armer Ritter«!
> Bei dem Gericht werdem Sie zum
> Ritter der Küche geschlagen.

■ Klugscheißen leicht gemacht – dem Internet sei Dank: Arme Ritter waren schon den Römern bekannt, und zwar den alten Römern. Sie tauchen dort bereits im ersten Jahrhundert nach Christus auf. Der vielleicht bekannteste Kochbuchautor der Antike hieß nämlich nicht Lafer oder Schuhbeck, obwohl die ja auch schon sehr lange im Geschäft sind, sondern Marcus Gavius Apicius. Er schrieb damals schon, man solle etwas Weizengebäck zerbrechen, es in Milch tauchen, in Öl rösten und mit Honig servieren. Aber damals hieß das Ganze eben noch nicht so.

Auch bei uns wurde dieses Gericht vor 300 Jahren noch »Güldene Schnitte« genannt. Doch bereits 1787 taucht der Begriff »Arme Ritter« erstmals auf. Und auch bei den Engländern heißt es »Eggy Bread« oder eben »Poor (= Armer) Knights (= Ritter) of Windsor«.

Ich möchte unkommentiert lassen, dass das Gericht in der Schweiz den Namen »Fotzelschnitte« trägt und darauf hinweisen, dass Sie, wenn Ihnen das Gericht gut gelingt, sich selbst ruhig mit dem Küchenmesser zum Ritter schlagen können. ■

> Kein großer Aufwand, nichts Besonderes, aber schweinisch lecker.

Ferkel auf Toast

Für 4 Personen

1 frisches Baguette
2 Orangen
1 rote Chilischote
2 Frühlingszwiebeln
1 Schweinefilet (ca. 600 g)
1 EL Butterschmalz
1 EL Öl
2 EL Honigsenf
8 Scheiben Gruyère
Salz und Pfeffer aus der Mühle

▮ Den Backofen auf 180 °C vorheizen.

▮ Das Baguette in dünne Scheiben schneiden und nacheinander toasten. Die Orangen schälen und filetieren. Die Chilischote längs aufschneiden, entkernen und in feine Spalten schneiden. Die Frühlingszwiebeln in feine Röllchen schneiden.

▮ Nun das Schweinefilet in ca. 2 cm dicke Scheiben schneiden und mit Salz und Pfeffer würzen. Butterschmalz in einer Pfanne erhitzen und das Fleisch von beiden Seiten scharf anbraten.

▮ Danach sofort aus der Pfanne nehmen, auf Küchenkrepp abtropfen lassen und warm halten.

▮ Öl in einer zweiten Pfanne erhitzen und Frühlingszwiebeln, Chilischote und Orangenfilets kurz darin anbraten. Vom Herd nehmen.

▮ Die Baguettescheiben auf ein Backblech geben und mit Honigsenf bestreichen. Die Filetstücke auf den Baguettescheiben verteilen, mit dem angebratenen Obst und Gemüse belegen und zum Schluss mit dem Käse bedecken. Bei 180 °C im Backofen überbacken, bis der Käse geschmolzen ist.

Manchmal habe ich das Gefühl, dass direkt auf den Rinderwahn der Rinderfilet-Wahnsinn folgte. Egal, wann man wo auf kochende Menschen trifft: Das ja nun alles andere als günstige Stück Lebenskraft namens Rinderfilet ist für manche schon gar nichts Besonderes mehr. Es schmeckt ja auch einfach sensationell, wenn es perfekt zubereitet ist (siehe Seite 90). Irgendwie ist aber mit diesem Siegeszug auch das wunderbare Schweinefilet ins Hintertreffen geraten. Schwein hat bei manchen einen Ruf, der seinem Namen alle Ehre macht. Der Star der gehobenen 70er-Jahre-Küche fristet ein fast vergessenes Dasein. Zu Unrecht. Ich liebe Schweinefilet. Die Zubereitung ist unkompliziert, und es schmeckt einfach immer schweinisch lecker. Hier in diesem Rezept erinnert natürlich irgendwie irgendwas an Südsee-Weißbrot, auch als Toast Hawaii bekannt. Es ist auch genauso leicht zuzubereiten.

Nadas Hot Dogs

3 Eier (Größe L)
100 ml Vollmilch
1 Prise Salz
150 g Mehl
100 ml Mineralwasser
½ Bund Schnittlauch (nach Belieben)
4 Wiener Würstchen
    (alternativ Bratwürstchen)
Senf oder Ketchup (nach Belieben)
Öl zum Backen

Garnitur

1 rote Paprika,
    in Streifen geschnitten
1 Salatgurke, in Streifen geschnitten

Panade

3 Eier (Größe M)
50 ml Sahne
1 Prise Salz
200 g Paniermehl

■ Für den Teig Eier, Milch und eine Prise Salz in einer Rührschüssel gut verquirlen. Nach und nach Mehl und Mineralwasser hinzugeben. Nach Belieben Schnittlauch dazugeben. Den Teig so lange rühren, bis er schön sämig ist.

■ Nun für die Panade Eier, Sahne und Salz kräftig aufschlagen. Das Paniermehl separat bereitstellen.

■ Zunächst eine Pfanne mit Öl erhitzen und aus dem Teig schöne, dünne Pfannkuchen backen. Die fertigen Pfannkuchen nebeneinander legen, jeweils ein Würstchen darauflegen und zusammenrollen.

■ Nun die Pfannkuchenrollen durch die Eiermasse ziehen und danach im Paniermehl wälzen.

■ In einer Pfanne mit Öl die Hot Dogs rundherum goldgelb backen.

■ Anrichten und mit Paprika- und Gurkenstreifen garnieren. Wahlweise Ketchup oder Senf dazu reichen.

■ Meine Süße heißt ja Nada, kommt ursprünglich aus Istrien/Kroatien und ist nicht nur einfach lecker, sondern auch eine unglaublich gute Köchin. Früher, als Kroatien noch ein Teil Jugoslawiens und der Einfluss des Westens im Grunde eng verbunden war mit den Touristenströmen an der Adriatischen Inselwelt, wusste man zwar viel vom Westen, aber das hieß natürlich nicht, dass man auf alles auch Zugriff hatte. So gab es in Nadas Heimat zum Beispiel diese weichen langen Hot-Dog-Brötchen nicht zu kaufen. Es mag sich komisch anhören, erst einen Pfannkuchen zu backen, diesen dann zu panieren und zu braten, ich kann Ihnen aber versprechen: Das Ergebnis ist die leckerste Art, seinen Hund heiß zu kriegen. Da wird wirklich mal der Hund in der Pfanne verrückt. Danke, Nada. ■

Strammer Max

Für 4 Personen

4 große Scheiben Bauernbrot
30 g Butter
200 g gekochter Schinken,
    aufgeschnitten
2 EL Öl
8 Eier
die abgeriebene Schale von einer
    unbehandelten Limette
100 g Pecorino am Stück
Salz und Pfeffer aus der Mühle

▌Die Brotscheiben mit Butter bestreichen und den gekochten Schinken darauf verteilen. Öl in einer Pfanne erhitzen und die Eier nacheinander zu Spiegeleiern braten. Mit Salz und Pfeffer würzen und je zwei Eier auf ein Schinkenbrot legen. Zum Schluss mit der abgeriebenen Limettenschale und gehobeltem Pecorino bestreuen.

▌**Mein Tipp:** Es muss nicht immer gekochter Schinken sein, es kann auch ein luftgetrockneter Schinken verwendet werden. Für Fischliebhaber darf es auch Räucherlachs sein.

Nicht neu erfunden, aber jeck im Geschmack.

▌Den Strammen Max kann man natürlich nicht neu erfinden, ihn aber einmal zu variieren, ist eine gute Idee. Hier gibt allein der gehobelte Pecorino (ein Hartkäse vom Schaf) eine ganz neue Note. Die können Sie aber auch erreichen, in dem Sie statt gekochtem einen schönen Serrano-Schinken verwenden. Eine weitere Variante: Das Bauernbrot statt mit Butter mit Kräuterbutter bestreichen. ▌

Pfannkuchen
mit karamellisierter Banane

Für 4 Personen

6 Eier
200 g Mehl
1 Glas Mineralwasser
¼ l Milch
1 Prise Salz
etwas Öl
1 l Sahne
4 Päckchen Sahnesteif
2 EL Mandelblättchen
200 g Butter
200 g Kuvertüre
4 Bananen
Rohrzucker
200 ml Amarula
8 Blätter Minze, fein geschnitten

▌ Die Eier in einer tiefen Schüssel aufschlagen und so lange Mehl unterrühren, bis ein fester Teig entsteht. Mit Wasser und Milch zu einer schönen Creme verrühren. Eine Prise Salz dazugeben.

▌ Den Teig in einer Pfanne mit wenig Öl zu schönen Pfannkuchen backen. Die Pfannkuchen zum Abkühlen auf die Seite stellen. Die Sahne mit Sahnesteif schön fest schlagen und kalt stellen. Nun die Mandeln in einer Pfanne mit etwas Butter und einem Tropfen Öl rösten.

▌ Die Kuvertüre im Wasserbad flüssig werden lassen.

▌ Die Bananen schälen, halbieren und in einer zweiten Pfanne mit etwas Öl, Butter und Rohrzucker karamellisieren. (Vorsicht, nicht matschig werden lassen!). Zum Abkühlen auf einen Teller legen. In der gleichen Pfanne (bitte nicht säubern – die Reste vom Karamell müssen drin bleiben) den Amarula einkochen lassen. Zum Schluss, bevor es cremig wird, die fein geschnittene Minze mit hineingeben.

▌ Jetzt geht's ans Anrichten: In die Mitte eines Pfannkuchens legt man eine halbe Banane. Darüber etwas Amarula-Creme geben und zusammenrollen – ähnlich wie eine Roulade. Das Gleiche mit den restlichen Pfannkuchen und Bananen machen.

▌ Nun die Sahne aus dem Kühlschrank nehmen, die Mandeln und die Kuvertüre langsam unterrühren, so dass schöne Stücke von Schokolade in der Sahne entstehen (ähnlich wie bei Stracciatella-Eis). Die Sahne auf den Pfannkuchen verteilen.
Übrigens: Bei mir heißen sie Pfannekuchen!

> Kalorien ohne Ende, aber Leidenschaft aus Afrika – auf der Zunge und auf den Hüften.

Kennen Sie den Film »Die lustige Welt der Tiere«? Ein preisgekrönter Dokumentarfilm über die Tierwelt Afrikas, bei dem mir, obwohl ich ihn schon Dutzende Male gesehen habe, noch heute jedes Mal vor Lachen die Tränen kommen. Besonders die Szene, in der eine Herde Elefanten betrunken durch die Steppe torkelt, ist ohne Worte. Im Film heißt es, dass diese Elefanten das gärige Fallobst des Marula-Baums fressen und sich dadurch dermaßen einen reinballern, dass sie sich kaum noch auf ihren stämmigen Beinen halten können.

Wissenschaftler haben zwischenzeitlich allerdings Bedenken an dieser Theorie angemeldet. Zwar würden diese vergorenen Marula-Früchte durchaus bis zu 3% Alkohol enthalten, ein rüsselschwingender 3-Tonnen-Dickhäuter müsste allerdings fast 50 Kilo Fallobst essen, um betrunken zu sein. Dass die Elefanten Rauschzustände bekommen, soll vielmehr daher rühren, dass sie auch die Rinde vom Marula-Baum abknabbern. Und unter der leben giftige Käferlarven, die die grauen Riesen zum Torkeln bringen.

Da es hier aber nicht um eine Dschungelprüfung geht, enthält das Rezept keine Larven, sondern Amarula-Likör – ebenjenen Likör, der aus vergorenen Früchten des Marula-Baums hergestellt wird.

Steinpilzrahmsuppe

Für 4 Personen

100 g Parmaschinken
50 g Schalotten, geschält
1 TL Öl
80 g Butter
250 g Steinpilze
1 EL Tomatenmark
4 Knoblauchzehen, geschält und
    fein gewürfelt
100 ml Rotwein, trocken
½ l Sahne
Salz und geschroteter Pfeffer
frisch geriebene Muskatnuss

▌ Parmaschinken und Schalotten würfeln. In einem tiefen Topf Öl und 20 g Butter erhitzen. Parmaschinken und Schalotten darin andünsten. Die Steinpilze, das Tomatenmark und den Knoblauch dazugeben und durchrühren. Mit Rotwein ablöschen, kurz aufkochen und mit Sahne auffüllen. Die Suppe mit Salz, Pfeffer und frisch geriebener Muskatnuss würzen.

▌ Bei mittlerer Hitze etwa 10 Minuten köcheln lassen und vor dem Servieren kurz mit dem Pürierstab aufschäumen.

▌ **Mein Tipp:** Ein Baguette in dünne Scheiben schneiden, mit Knoblauch abreiben und mit guter Butter bestreichen. Auf ein Backblech legen und bei ca. 180 °C knusprig backen.

▌ Der Steinpilz gilt nicht umsonst als der König der Pilze. Man kann ihn nicht züchten wie Champignons und sein Geschmack ist von einzigartiger Intensität.

Ich habe schon immer gern Pilze gesammelt. Es ist für mich eine der letzten Herausforderungen unserer Zeit. Bei uns in der Gegend haben Pilzsammler nie die geheimen Plätze verraten, an denen womöglich schon der Opa immer Steinpilze (oder auch andere Edelpilze) gefunden hat. Leider Gottes weiß man ja nicht so genau, ob die kleinen Kerlchen im kommenden Jahr wieder an derselben Stelle das Licht der Welt erblicken werden und vor allem auch: wann genau? Ich bin kein Pilzwissenschaftler und kein Wetterbauer, meine Beobachtung geht aber dahin: Ein gutes Pilzjahr wird es, wenn nach einem warmen Mai und Juni noch mal ein paar regnerische Wochen kommen. Die dürfen aber nicht zu lang und zu kalt sein. Der Spätsommer sollte trocken und warm sein. Dann sprießen die Pilze wie Pilze aus dem Boden. Und sollte genau diese seltsame Wetterkonstellation in diesem Jahr zutreffen, glauben Sie bloß nicht, Sie könnten Ihre Sammelleidenschaft zu Geld machen. Steinpilze darf man in Deutschland nämlich nicht sammeln, um sie gewerblich zu verkaufen. Die Steinpilze auf unseren Märkten stammen aus Polen oder Slowenien, und wenn bei uns Winter ist, kommen sie per Flugzeug aus Südafrika. ▌

Das perfekte
Filetsteak

Für 4 Personen

1 kg Rinderfilet am Stück
1 rote Zwiebel
1 Knoblauchknolle
4 Frühlingszwiebeln
2 Zweige frischer Rosmarin
2 Zweige frischer Thymian
¼ l Olivenöl
Salz und Pfeffer aus der Mühle

▮ Den Backofen auf 90 °C Umluft (Ober-/Unterhitze 110 °C) vorheizen.

▮ Das Rinderfilet halbieren und auf ein Backblech legen. Mit Salz und Pfeffer beidseitig gut würzen. Die Zwiebel und die Knoblauchknolle ungeschält halbieren. Frühlingszwiebeln putzen, abbrausen und in grobe Stücke schneiden. Das Gemüse rund um das Fleisch verteilen und die Kräuterzweige auf das Fleisch legen. Alles mit Olivenöl beträufeln und für ca. 40 Minuten im Backofen vorgaren.

▮ Eine große Pfanne erhitzen. Das Fleisch nach der angegebenen Garzeit aus dem Backofen nehmen und die Filetstücke kurz von beiden Seiten scharf anbraten. Zum Anrichten das Fleisch in Tranchen aufschneiden.

▮ **Mein Tipp:** Als Beilage empfehle ich Kartoffelpüree oder geröstetes Knoblauchbaguette und frisches Buttergemüse der Saison.

Bedenken Sie beim Tranchieren das alte Lichter-Gesetz: Alles unter 400 g ist Carpaccio!

■ Ja, ja, ich weiß, ich habe vorhin noch auf die ganze Rinderfilet-Hysterie geschimpft. Da habe ich aber von Rinderfilet gesprochen, und hier geht es ja um das perfekte Rinderfilet. Das wird nämlich dann perfekt, wenn Sie es genau so zubereiten: **Erst** Niedrigtemperatur, **dann** scharf anbraten. Umgekehrt kann jeder. So hat es für mich den kleinen aber feinen Vorteil, dass die Röststoffe dem Fleisch unmittelbar vor dem Servieren zugefügt werden, es also diese krosse, schmackhafte Außenhaut erhält. ■

Kürbiscremesuppe
mit Buttercrostinis

Für 4 Personen

1 kg Speisekürbis (Muskatkürbis)
1 großer Boskoopapfel
1 EL Butter
1 EL Zucker
60 ml trockener Weißwein
800 ml Gemüsebrühe
20 g frischer Ingwer, geschält
1 Lorbeerblatt
2 EL Kürbiskerne
1 TL Butter
4 Scheiben Weißbrot
50 ml Sahne
½ TL Kurkuma
½ TL Curry
frisch geriebene Muskatnuss
1 Messerspitze Chilipulver
Salz und Pfeffer aus der Mühle
2 EL Kürbiskernöl

▌ Kürbis schälen und entkernen, abbrausen und in ca. 3 cm große Stücke schneiden. Apfel schälen, vom Kerngehäuse befreien und grob würfeln.

▌ Die Butter in einem großen Topf schmelzen und den Zucker darin karamellisieren. Kürbis und Apfel hinzugeben und scharf anbraten, mit dem Weißwein und der Gemüsebrühe ablöschen. Den geschälten Ingwer reiben und mit dem Lorbeerblatt zur Suppe geben. Bei mittlerer Hitze ca. 15 Minuten köcheln lassen.

▌ In der Zwischenzeit eine kleine Pfanne erhitzen und die Kürbiskerne rösten. In einer zweiten Pfanne das gewürfelte Weißbrot in der Butter von allen Seiten schön knusprig rösten. Beides zur Seite stellen. Das Lorbeerblatt entfernen und die Suppe mit dem Pürierstab pürieren. Die Sahne hinzugeben und alles mit den restlichen Gewürzen herzhaft abschmecken.

▌ In einer Suppenterrine anrichten und mit Buttercrostinis, Kürbiskernen und etwas Kürbiskernöl garnieren.

▌ **Mein Tipp:** Das Fruchtfleisch vom Kürbis eignet sich als Grundlage für die unterschiedlichsten Zubereitungen und Würzungen. Je nach Sorte kann er auch roh verwendet werden, in diesem Fall als Salat. Meist wird Kürbissalat mit einer Mischung aus roh geraspeltem Kürbis, Essig und Kürbiskern- oder Walnussöl zubereitet. Äpfel, Speck, Zwiebeln und Nüsse sind eine hervorragende Ergänzung.

Sauerkrautauflauf

2 mittelgroße Zwiebeln
2 EL Butterschmalz
600 g frisches Sauerkraut
⅛ l Weißwein
50 g Zucker (oder 1 EL Honig)
3 Lorbeerblätter
500 g Kartoffeln (mehligkochend)
150 ml Sahne oder Milch
20 g Butter
300 g geräucherte Mettenden
   (oder Cabanossi)
2 EL mittelscharfer Senf
3 Eigelb
3 EL Crème fraîche
2 EL Honig
frisch geriebene Muskatnuss
Salz und Pfeffer aus der Mühle

❚ Den Backofen auf 200 °C vorheizen.

❚ Die Zwiebeln schälen, in feine Würfel schneiden und in Butterschmalz glasig dünsten. Nun Sauerkraut, Weißwein, Zucker und Lorbeerblätter hinzufügen und mit Salz und Pfeffer würzen. Ca. 15 Minuten bei mittlerer Hitze garen.

❚ Die Kartoffeln schälen und in Salzwasser garkochen. Dann die Kartoffeln durch die Kartoffelpresse drücken. Die Kartoffelmasse mit Sahne und Butter zu einem geschmeidigen Püree verarbeiten. Mit Salz, Pfeffer und Muskatnuss würzen.

❚ Die Mettenden oder Cabanossi in dünne Scheiben schneiden und mit dem fertiggegarten Sauerkraut vermischen.

❚ Senf, Eigelb, Crème fraîche und Honig gut verquirlen.

❚ Das Kartoffelpüree in eine gefettete Auflaufform geben, darauf das Sauerkraut verteilen und die Eiermischung darübergeben. Den Auflauf für ca. 15 Minuten im Backofen überbacken.

❚ **Mein Tipp:** Wenn Sie es gern rauchig mögen, ersetzen Sie im Sauerkrautauflauf doch mal die Mettenden durch Chorizo.

■ Sauerkraut ist kalorienarm und reich an Mineral-stoffen und Vitamin C. Man kann es sehr gut roh essen. Auch wenn ich so gar nicht weiß, wie es zu dieser Art von Völkerverständigung auf dem Teller gekommen ist: Das (typisch deutsche) Sauerkraut kann gern auch mal unter Zugabe von (womöglich hawaiianischem) Ananasfruchtfleisch gedünstet und dann im kalten Zustand als Salat zubereitet werden. Dann sollten Sie noch kleingehackte Schalotten und ein paar kleingeschnittene Pilze mit anbraten. Dazu eine herzhafte Vinaigrette anrühren, das schmeckt einfach nur fruchtig lecker. ■

Der süße Horst

Kennen Sie das? Man hat sich wieder einmal einen Restaurantbesuch gegönnt, eventuell ein feines Salätchen vorneweg gegessen oder eine Suppe. Einen netten Hauptgang gab's auch, vielleicht ein Glas Wein dazu. Ach, herrlich! Und dann kommt der Moment im Leben, bei dem ich schon immer einfach nur eins gewesen bin: Ein Ja-Sager. Kaum kommt die Kellnerin, der Ober oder der Wirt an meinen Tisch und stellt diese Frage, die sich in meinen Ohren wie der Gesang eines Engels anhört: »Darf ich Ihnen noch die Nachtischkarte bringen?« Wat ne Frage, ist der Papst katholisch? Jaaaaaaaaaaaaaaaaaaaaaa!!!

Manchmal denke ich, dass ich mich ausschließlich von Süßspeisen ernähren könnte. Dann allerdings würde ich irgendwann nicht mehr mit den Händen meinen Bart frisieren können und mit hängenden Barthaaren als Walross durch Rommerskirchen robben. Schokolade, Kuchen und Gebäck. Pudding, Pralinen oder Eis. Jaaaaaaaaaaaaaaaaaaaaaa!!! Immer her damit. Und das Schöne ist, dass man zu alle dem ja auch immer noch einen Klacks Schlagsahne packen kann.

Ich habe für dieses Kapitel ganz unterschiedliche Süßspeisen entwickelt oder ausgesucht und ein wenig in Kindheitserinnerungen gestöbert. Klassiker wie die von mir so heiß geliebten Waffeln finden Sie hier genauso wie eine Nachtischneuinterpretation des deutschen Klassikers Birnen, Bohnen und Speck, an die ich mich herangewagt habe. Außerdem das Ergebnis meiner Spionage bei einem namhaften Spitzenkoch aus der Steiermark, der alles, was er an der Nachtischposition berührt, zu Gold werden lässt.

Manchmal habe ich das Gefühl, dass in deutschen Haushalten Backwaren und Nachtisch zu kurz kommen. Es erscheint vielen einfacher, für Gäste eine Portion Eis mit ein paar Erdbeeren zu garnieren und auf den Tisch zu stellen. Aber haben Sie mal selbst gemachtes Eis gegessen? Da können Sie alles beeinflussen, was an Zutaten reinkommt. Überlegen Sie mal, was das für einen genussbringenden Mehrwert hat. Kleines Beispiel nur: Ich mag beim Stracciatellaeis wahnsinnig gern, wenn die Schokostückchen so groß sind, dass sie so richtig knackig im Mund durchgebissen werden müssen. Es gibt kaum Eisdielen, die genau diese Art Stracciatella anbieten (außer vielleicht die in Hamburg, neben dem Studio). Mit einer Eismaschine kann ich das Eis aber selbst herstellen und bestimmen, wie groß die Schokostücke sein sollen. Und ich sach Ihnen mal was: Bei mir ist das Verhältnis Eiscreme zu Schokoladenstückchen eins zu eins.

Und wann haben Sie zuletzt am Sonntag einen richtig leckeren Käsekuchen gemacht? Einen, der aus der Küche herausduftet und damit die Nachbarn vor Neid an der Tür lecken lässt? Es ist meiner Meinung nach unnötig, zu Fertigmischungen zu greifen. Sehen Sie sich mal das Brownies-Rezept an: Keine zehn Zutaten, nichts, was Ihnen Angst einjagen sollte. Gucken Sie mal auf die Inhaltsangaben so mancher Fertigmischung. Da können Sie die Zutaten teilweise gar nicht aussprechen. Auch ein Hefeteig ist viel einfacher herzustellen, als Sie denken. Der plustert sich vielleicht mal vor Ihnen auf, ist aber sonst ein ganz einfach zu handhabender Geselle.

Also, liebe Leute, backt! Hausgemachter Kuchen ist halt am besten, wenn er zu Haus gemacht wurde. Und dann sollen Sie mal sehen, was passiert, wenn Sie fragen: »Schatz, noch ein Stück warmen Apfelstrudel mit einem Klacks selbstgemachtem Amarettoeis?« Sie werden selten so wenig Widerspruch gehört haben. Wat soll man da auch sagen? »Jaaaaaaaaaaaaaaaaaaaaaa!!!« ∎

Ananascreme
auf Waffeln mit Minz-Sahne

Für 4 Personen

Waffeln
300 g Butter (Zimmertemperatur)
175 g Zucker
2 Päckchen Vanillezucker
6 Eier
die abgeriebene Schale von
    einer unbehandelten Zitrone
300 g Mehl
2 Fläschchen Rumaroma
Fett für das Waffeleisen

Minz-Sahne
½ l Sahne
2 Päckchen Sahnesteif
1 Bund frische Minze

Ananascreme
1 Ananas
50 g Butter
2 EL Rübenkraut
1 Glas Cognac
Mark von einer Vanilleschote
200 ml Sahne

▮ Für die Waffeln die Butter sahnig rühren, nach und nach Zucker, Vanillezucker, Eier, Zitronenschale, Mehl und Rumaroma unterrühren. Den Teig in das gefettete Waffeleisen füllen und portionsweise goldgelb backen.

▮ Die Sahne mit Sahnesteif steifschlagen, ca. 20 Blätter Minze fein schneiden und unterheben. Kalt stellen.

▮ Die Ananas schälen und in etwa 1,5 cm dicke Würfel schneiden. In einer tiefen Pfanne mit Butter und Rübenkraut karamellisieren und mit Cognac ablöschen. Das Vanillemark dazugeben. Die Sahne unterrühren und kurz aufkochen lassen.

▮ Zum Anrichten auf je ein Waffelherz heiße Ananascreme und einen Löffel Minz-Sahne geben. Mit einem Blatt frischer Minze dekorieren.

Bei der Frage, ob Kinder Speisen essen dürfen, die mit Alkohol zubereitet wurden, scheiden sich die hochprozentigen Geister. Oft heißt es: Alkohol verflüchtigt sich bei über 70 Grad Celsius. Besonders, wenn das Essen lange kocht, bleibt also kein Alkohol mehr übrig. Das stimmt, glaube ich, so nicht. Ich habe einmal von einer amerikanischen Studie gehört, die besagt, dass nach zweieinhalb Stunden Kochzeit noch fünf Prozent der ursprünglichen Alkoholmenge übrig bleiben. Also keine Diskussion: Auf jeden Fall Rum und Cognac weglassen, wenn von diesen Waffeln auch Kinder probieren könnten!

Mokka-Muffins

■ Früher, als ein Meeting noch ein Treffen war und man wegen des zu erwartenden abgestandenen Geschmacks des dort angebotenen Kaffees widerwillig einen Pappbecher mit Kaffee von der Tanke mitnahm, der noch nicht mit Nachnamen »to go« hieß (und dafür auch noch nicht sieben Mark kostete), da war ein Muffin auch noch kein Muffin, sondern ein kleines Küchlein, Törtchen oder Teilchen. Irgendwie ist in unserer Sprache etwas, das mit »muff« anfängt, ja auch nicht wirklich einladend. ■

Für 12 Portionen

260 g Mehl
2 TL Backpulver
½ TL Salz
80 g Zucker
1 Päckchen Bourbon-Vanillezucker
80 ml Pflanzenöl
2 Eier (Größe M)
200 g Vollmilchjoghurt
12 Stücke mit Trüffel gefüllte
  Mokkaschokolade (ca. 100 g)
Puderzucker zum Bestäuben
12 Mokkatassen oder 1 Muffinblech

■ Den Backofen auf 175 °C vorheizen.

■ Mehl mit Backpulver, Salz, Zucker und Vanillezucker vermengen. Das Öl mit den Eiern und dem Joghurt mischen.

■ Mit einem Kochlöffel die Mehlmischung unter die Joghurtmasse rühren, bis alles gut vermengt ist.

■ Die Masse in die gut eingefetteten Tassen oder Muffinformen füllen, in die Mitte jeweils ein Stück Schokolade legen und in den Teig drücken.

■ Die Muffins bei 175 °C 20 Minuten backen.

■ Etwas auskühlen lassen und mit Puderzucker bestreuen.

■ **Mein Tipp:** Am schönsten ist es, die Muffins in Tassen zu servieren. (Die Tassen müssen natürlich hitzebeständig sein.) Die Schokolade schmilzt beim Backen und wird zu einer köstlichen Creme.

Windbeutel
mit Sauerkirschen und Eierlikör

Brandteig
280 g Weizenmehl
60 g Butter
½ l Wasser
1 Prise Salz
2 EL Zucker
8 Eier (Größe M)

Füllung
40 g Zucker
¼ l Rotwein, trocken
die abgeriebene Schale von
   ½ unbehandelten Zitrone
die abgeriebene Schale von
   ½ unbehandelten Orange
1 Zimtstange
500 g Sauerkirschen
   (frisch, TK oder aus dem Glas)
½ l Sahne
1 Päckchen Vanillezucker
8 cl Eierlikör
etwas Puderzucker zum Bestäuben

▊ Für den Brandteig das Mehl sieben. Butter und Wasser erhitzen, aufkochen lassen und eine Prise Salz und den Zucker dazugeben. Nun so viel Mehl hinzugeben, wie die Flüssigkeit aufnimmt. Alles mit dem Holzlöffel kräftig verarbeiten, bis ein kompakter Klumpen entstanden ist. Etwas abkühlen lassen, bevor die Eier einzeln dazugegeben werden. Alles gut miteinander verarbeiten, bis eine spritzfähige Masse entstanden ist.

▊ Die Masse in einen Spritzbeutel füllen und auf Backpapier oder auf ein bemehltes Backblech spritzen (je nach Größe ca. 12 Stück).

▊ Bei 200 °C (Umluft 180 °C) ca. 20–25 Minuten goldbraun backen. In der Zwischenzeit für die Füllung Zucker in einer Pfanne zu einem hellen Karamell brennen und mit Rotwein ablöschen. Die Zitronen- und Orangenschale sowie die Zimtstange dazugeben und ca. 5 Minuten einreduzieren. Nun die Sauerkirschen dazugeben und für 2 Minuten köcheln lassen. Wenn nötig, etwas Speisestärke zum Binden verwenden. Von der Herdplatte nehmen und erkalten lassen.

▊ Die ausgekühlten Windbeutel mittig aufschneiden und großzügig mit den Kirschen füllen. Die Sahne mit dem Vanillezucker steifschlagen und darüberhäufen. Mit je 2 cl oder auch mehr Eierlikör krönen. Den Deckel wieder daraufsetzen und mit Puderzucker bestäuben.

Nichts für Kalorienzähler, aber dafür ein richtiger Knaller.

Achtung, liebe Kalorienzähler: Dieser Klassiker mag zwar den Namen Windbeutel haben, ein laues Kilojoule-Lüftchen oder gar ein Hauch von nichts ist er aber natürlich nicht. Aber mal ehrlich: Könnte man einen halben Liter Sahne schöner verpacken als in einer Kalorienbombe namens Windbeutel? ▮

Birnenauflauf mit Speck

Für 4 Personen

100 g Butter
150 g Zucker
1 Päckchen Vanillezucker
3 Eier (Größe M)
3 EL Milch
200 g Mehl
1 TL Backpulver
55 g Speisestärke
die abgeriebene Schale von
    einer unbehandelten Zitrone
1 Prise Salz
200 g Frühstücksspeck (Bacon)
½ kg Birnen
¼ l Wasser
½ Zimtstange
2 EL Zitronensaft

▮ Den Backofen auf 200 °C vorheizen.

▮ Die Butter schön schaumig rühren. 100 g Zucker mit dem Vanillezucker vermischen und mit den Eiern nach und nach unter die Butter rühren. Die Milch ebenso nach und nach zufügen. Das Mehl mit dem Backpulver und 50 g Speisestärke vermischen und mit der Hälfte der Zitronenschale und der Prise Salz unterrühren.

▮ Eine feuerfeste Form mit zwei Dritteln des Frühstücksspecks auslegen. Auf eine Herdplatte stellen und den Speck auslassen. Birnen schälen, halbieren, das Kerngehäuse entfernen und etwa 1 kg der Birnen über den Speck in die Form schichten. Teig darüber verteilen restlichen Speck auf den Teig legen und für etwa 45 Minuten im Backofen backen.

▮ Die restlichen Birnen in Würfel schneiden. Von dem Viertelliter Wasser 2 EL abnehmen und mit den restlichen 5 g Speisestärke verrühren.

▮ Im verbleibenden Wasser Birnenstücke mit der Zimtstange, dem restlichen Zucker sowie der restlichen Zitronenschale und dem Zitronensaft zum Kochen bringen. Etwa 10 Minuten garen, dann die Zimtstange entfernen.

▮ Die Hälfte der Birnen pürieren. Die Speisestärke einrühren und nochmals aufkochen lassen. Das fertige Birnenkompott entweder auf dem Auflauf verteilen oder separat dazu servieren.

Mein Tipp: Auch schön mit leckeren Äpfeln statt Birnen!

■ Sie wissen ja, wie das ist. Man weiß nie, ob die in Rezepten angegebenen Backtemperaturen und -zeiten genau eingehalten werden müssen. Aber Sie sollten immer bedenken, dass Backofen nicht gleich Backofen ist. Die Unterschiede zwischen eingestellter und tatsächlicher Ofentemperatur sind oft geradezu unfassbar. Wenn Sie ein Garthermometer besitzen, machen Sie sich mal den Spaß und legen Sie das Gerät in einen auf 200 Grad eingestellten Ofen. Wahrscheinlich werden Sie geschockt sein. Deswegen empfiehlt es sich, das Backwerk durch das Ofenfenster zu beobachten, wenn nötig die Stäbchenprobe durchzuführen oder eben die Temperatur mit einem Thermometer zu messen. Auch ich habe erst im Laufe der Zeit ein Gefühl dafür bekommen, wie sehr mein eigener Ofen von den Rezeptvorgaben abweicht. ■

Hefeklöße
»Oma Mienchen«

Für 4 Personen

Klöße

30 g Hefe
30 g Zucker
¼ l lauwarme Milch
500 g Weizenmehl
2 Eier
30 g Butter, zerlassen
1 TL Salz
3 Tropfen Backöl Zitrone
1 Päckchen Vanillezucker
30 g Butter zum Bräunen

Backobst

250 g gemischtes Backobst
¾ l Wasser
etwas abgeriebene Zitronenschale
1 Messerspitze Zimt
60 g Zucker
2 gehäufte EL Vanille-Puddingpulver

❚ Die Hefe mit 1 TL Zucker und 5 EL der lauwarmen Milch anrühren. Zwei Drittel des Mehls in eine große Schüssel sieben und in die Mitte eine Vertiefung drücken. Die Hefemischung in die Mulde geben und dick mit Mehl bestreuen. Den restlichen Zucker, die Eier, die lauwarme zerlassene Butter und die Gewürze an den Rand des Mehls geben. (Achtung, diese Zutaten dürfen nicht unmittelbar mit der Hefe in Berührung kommen!) Sobald das auf die Hefe gestreute Mehl stark rissig wird, die Hefe von der Mitte aus mit dem Mehl und den übrigen Zutaten verrühren und nach und nach die restliche Milch hinzugeben.

❚ Den Teig mit dem Rührlöffel so lange schlagen, bis er Blasen wirft. Dann das restliche Drittel Mehl unterkneten. Sollte der Teig kleben, noch etwas Mehl zugeben.

❚ Den Teig an einem warmen Ort mit einem Küchenhandtuch abgedeckt etwa 1 Stunde gehen lassen. Danach noch einmal gut durchkneten und Klöße daraus formen. Die Klöße nochmals kurze Zeit stehen und wieder aufgehen lassen. Dann in kochendes Salzwasser legen und darin garkochen. Die Kochzeit beträgt etwa 10 Minuten. Die fertigen Klöße herausnehmen und mittig mit zwei Gabeln aufreißen, damit der Dampf entweichen kann.

❚ Man serviert die Klöße mit brauner zerlassener Butter oder bestreut sie ganz einfach mit Vanillezucker.

❚ Als Beilage zu den Klößen empfehle ich Backobst. Das Backobst gründlich waschen und 12 Stunden in dem Wasser einweichen. Mit der verbleibenden Flüssigkeit, Zitronenschale, Zimt und dem Zucker zum Kochen bringen und bei mittlerer Hitze etwa 20 Minuten garen lassen. Mit Puddingpulver andicken.

❚ **Mein Tipp:** Schöner werden die Hefeklöße, wenn man sie unter Dampf gart. Man benutzt dazu einen Gemüsedämpfer oder bindet ein weißes Baumwolltuch über einen Topf mit kochendem Wasser, legt die Klöße darauf und verschließt den Topf mit einem Deckel. So hat's meine Oma früher gemacht.

Oma Mienchen war nicht meine Oma. Sie war aber auch nicht irgendeine Oma. Sie war die Oma, die die besten Hefeklöße, die man sich vorstellen kann, in unser Familienleben gebracht hat. Ich weiß ehrlich gesagt gar nicht mehr, über wen meine Eltern Oma Mienchen kennengelernt hatten oder ob sie eine entfernte Verwandte von Tante Gerda war, die auch nicht meine richtige Tante war, nur so eine Nenntante, aber Oma Mienchen wohnte in der Nähe von Simmerath. Dort gibt es einen wirklich traumhaft schönen See, den Rursee, an dem wir früher oft gepicknickt haben. Im Picknickgepäck durften die Hefeklößchen (dann erkaltet und in der Vanillezucker-Version) von Oma Mienchen natürlich nicht fehlen.

Schneller Butterstuten

Bei Hans Gerlach, einem lieben Koch-Kollegen, dessen Bücher ebenfalls im Verlag Mosaik bei Goldmann erschienen sind, habe ich etwas Interessantes gelesen. Ich habe es ausprobiert, und Sie sollten es, wenn Sie Zeit haben, auch ausprobieren: Basierend auf der sogenannten Slow-Food-Idee, also dem Gegenteil von Fast-Food-Wahnsinn, lassen manche Bäcker, denen es um besonders guten Geschmack geht, ihre Hefeteige sehr lange, aber dafür nicht bei großer Wärme gehen. Außerdem reduzieren sie den Hefeanteil um die Hälfte, das soll den Geschmack zusätzlich verbessern. Wie gesagt, ich habe es ausprobiert. ∎

Für 4 Personen

1 kg Mehl
2 Würfel frische Hefe
1 TL Zucker
½ ml Milch, lauwarm
125 g flüssige Butter
1 EL Salz

▌ Den Backofen zunächst auf 50 °C vorheizen.

▌ Das Mehl in eine Rührschüssel geben und in die Mitte eine Mulde drücken. Die Hefe in die Mulde bröseln. Zucker über die Hefe streuen und vorsichtig mit 3 bis 4 EL lauwarmer Milch vermengen. Diesen Vorteig für ca. 20 Minuten in den Backofen stellen.

▌ Danach Butter und Salz dazugeben und zuerst mit einem Knethaken zu einem mittelfesten Teig kneten, dann mit der Hand weiterkneten. Den Teigkloß wieder zurück in die Schüssel geben und zugedeckt für weitere 30 Minuten im Backofen gehen lassen. Herausnehmen und nochmals mit der Hand durchkneten. In eine Backform geben.

▌ Den Backofen auf 190°C vorheizen.

▌ Den Teig auf der Oberfläche mehrfach schräg einschneiden und etwa 35 Minuten im Backofen backen. Den Stuten aus dem Ofen nehmen und die Kruste leicht mit Butter einfetten. Abkühlen lassen und servieren.

▌ **Mein Tipp:** Den Butterweck warm genießen, mit dick guter Butter, Rübenkraut oder Apfelmus.

Champagner-Trüffel

Es ist ziemlich aufwendig, Pralinen und besonders Trüffel selbst herzustellen. Ich kann mir gut vorstellen, dass Sie sich fragen werden, wie Sie 30 kugelförmige »kirschgroße Tupfen« ins Tiefkühlfach kriegen sollen, ohne dass sie ihre Form verlieren. Und wo im Küchenschrank liegt noch mal der Spritzbeutel mit Lochtülle? Und was ist überhaupt eine Lochtülle? Bin ich etwa Johann Lafer? Was denkt sich der Lichter denn dabei? Die Antwort ist wirklich relativ einfach: Weil es sich lohnt. Darum.

Für ca. 30 Stück

300 g weiße Kuvertüre
50 g Butter (Zimmertemperatur)
50 g Puderzucker
2 EL trockener Sekt oder
 Champagner
1 TL Zitronensaft
150 g Schokospäne
 (weiß und dunkel gemischt)

125 g der Kuvertüre grob hacken und in einer Schüssel über dem Wasserbad schmelzen. Abkühlen lassen. Butter und Puderzucker schaumig schlagen und die abgekühlte flüssige Kuvertüre darunterheben. Sekt und Zitronensaft hinzufügen und so lange rühren, bis eine cremige Masse entsteht.

Die Creme in einen Spritzbeutel mit Lochtülle füllen und kirschgroße Tupfen auf ein mit Backpapier belegtes Blech spritzen. Für 2 Stunden kühl stellen.

Nun die Trüffeln zu Kugeln formen und etwa ½ Stunde tiefkühlen. Die restlichen 175 g Kuvertüre zerkleinern und über dem Wasserbad schmelzen. Die Kugeln einzeln in die Kuvertüre tauchen und zum Abtropfen auf ein Gitter legen. Zum Verzieren die Trüffeln in den Schokospänen wälzen.

Der Aufwand lohnt sich!

Schoko-Brownies

Für ca. 12 Stück

80 g ganze, abgezogene Mandeln
   oder Haselnüsse
250 g dunkle Schokolade (halbbitter)
250 g Butter
5 gekühlte Eier
180 g Puderzucker
100 g Mehl
12er Muffinform oder 12 dickwandige
   Tassen oder Förmchen
20 g Butter zum Ausfetten
   der Förmchen

Amaretto-Eis

50 g heller Honig
2 EL warmes Wasser
2 Eigelb
2 EL Mandellikör (Amaretto)
¼ l geschlagene Sahne
100 g Amarettinis, zerbröselt

▐ Den Backofen auf 160 °C vorheizen.

▐ Die Mandeln oder Haselnüsse in einer Pfanne ohne Fett rösten, bis sie duften. Ein wenig abkühlen lassen und in der Küchenmaschine fein zerkleinern.

▐ Die Schokolade in grobe Stücke teilen, mit der Butter im Wasserbad schmelzen und gut vermengen.

▐ Nun drei Eier trennen und das Eiweiß kühl stellen. Drei Eigelb und die restlichen zwei Eier zusammen mit 100 g Puderzucker unter die geschmolzene Schokomasse rühren. Das Mehl vorsichtig unterheben und die Masse in die mit Butter ausgefetteten Förmchen füllen. Das Eiweiß steifschlagen und mit dem restlichen Puderzucker vermengen. Nun den Schnee in Häufchen auf die Teigmasse verteilen. Für ca. 20 bis 25 Minuten in den Backofen stellen.

▐ Für das Eis Honig, Wasser und Eigelb gut verrühren und im knapp siedenden Wasserbad so lange schlagen, bis eine dickliche Masse entsteht. Nun in kaltes Wasser stellen und weiterschlagen, bis die Creme ausgekühlt ist. Amaretto einrühren und zum Schluss die Schlagsahne und die zerbröselten Amarettinis vorsichtig unterheben. Für etwa 2 bis 3 Stunden ins Gefrierfach stellen. Zu den Schoko-Brownies servieren.

▐ **Mein Tipp:** Ein Extra-Schlag Sahne darf nicht fehlen!

Sie haben Geld über? Oder Verwandte, die Jahr für Jahr die gleiche Frage stellen: »Was wünschst du dir eigentlich zum Geburtstag?« Die richtige Antwort: »Spart dieses Jahr euer Geld und schenkt mir erst wieder in vier, fünf Jahren was, dann aber was Richtiges!« Sie glauben gar nicht, wie toll es ist, eine eigene Eismaschine zu Hause zu haben. Und zwar eine mit eigener Kühlung. Die kostet dann schon mal ein paar hundert Euro, aber den Weg zur Eisdiele Napoli können Sie sich in Zukunft sparen.

Goldiger Käsekuchen

Für ca. 30 Stück

Teig
200 g Mehl
75 g Butter
75 g Zucker
1 Päckchen Vanillezucker
1 Ei
2 TL Backpulver

Creme
150 g Zucker
750 g Magerquark
3 Eigelb
Mark von einer Vanilleschote
Saft einer Zitrone
2 Päckchen Sahnepuddingpulver
½ l Milch
100 ml Pflanzenöl
2 TL Rum (nach Belieben)

Baiser
3 Eiweiß
100 g Zucker

▌ Den Backofen auf 200 °C vorheizen.

▌ Alle Zutaten für den Teig verkneten und in eine ausgefettete Springform (28 cm Durchmesser) geben. Die Zutaten für die Creme der Reihe nach zu einer geschmeidigen Creme verrühren und in die Springform geben.

▌ Den Kuchen etwa 45 Minuten backen. In der Zwischenzeit das Eiweiß steifschlagen und dabei den Zucker einrieseln lassen.

▌ Den Kuchen nach angegebener Backzeit aus dem Ofen nehmen und die Ofenhitze auf 160 °C reduzieren.

▌ Das geschlagene Eiweiß auf den vorgebackenen Kuchen geben, mehrfach einstechen und mit einer Gabel einige Spitzen nach oben ziehen. 20 Minuten bei 160 °C backen. Der Kuchen schmeckt natürlich auch ohne Baiser.

Dieser Kuchen ist Gold wert! Die Kaffeetafel ist gerettet.

▌ Endlich kein Klatsch und Tratsch mehr bei der Kaffeetafel mit Tantchens und anderen Gästen. Gesprächsthema Nummer eins wird dieser traumhafte Kuchen sein. Er wird sozusagen jede Kaffeetafel vergolden. Nach einer Zeit des puren Genießens können Sie sich ja dann wieder über das norwegische Königshaus, den lauten Hund von Frau Kasuppke gegenüber und über die Diät von Johann Lafer unterhalten. ▌

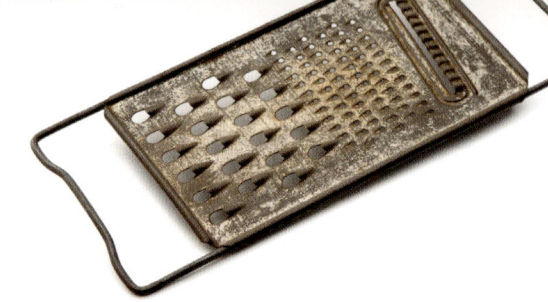

Warmer Apfelstrudel

Für 4 Personen

Teig
250 g Mehl
1 Prise Salz
1 Ei
2 EL Öl
⅛ l Wasser

Füllung
50 g zerlassene Butter
50 g Zwieback, zerbröselt
50 g geriebene Nüsse
1 kg in feine Stückchen geschnittene
   und geschälte Äpfel (Boskoop)
80 g Rosinen
125 g feiner Zucker
1 Messerspitze Zimt
20 g zerlassene Butter
   zum Bestreichen

Vanillesauce
2 Eigelb
100 g Zucker
1 gestr. TL Stärkepulver
¼ l Milch
Mark von ½ Vanilleschote

❚ Den Backofen auf 200 °C vorheizen.

❚ Mehl und Salz in eine Schüssel geben, in die Mitte eine Mulde drücken. Ei, Öl und Wasser in die Vertiefung geben und von der Mitte nach außen in etwa 10-15 Minuten zu einem weichen, geschmeidigen Teig kneten. Den Teig zu einer Kugel formen, mit etwas Öl bestreichen und an einem warmen Ort mit einem Küchentuch bedeckt etwa eine Stunde ruhen lassen.

❚ Den Teig auf einem reichlich mit Mehl bestreuten Küchentuch ausrollen. Mit beiden Händen unter den Teig fassen und von der Mitte aus über einen Handrücken fortlaufend ringsherum vorsichtig nach außen ziehen.

❚ Achtung! Der Teig muss hauchdünn, durchsichtig, glatt und ohne Löcher sein.

❚ Für die Füllung die Teigschicht mit zerlassener Butter bestreichen und mit Zwiebackbröseln und geriebenen Nüssen bestreuen.

❚ Nun Apfelstücke, Rosinen, Zucker und Zimt daraufgeben und alles mithilfe des angehobenen Küchentuches zu einem Strudel aufrollen. Die Enden etwas einschlagen und den Strudel mit der Nahtstelle nach unten auf ein gut gefettetes Backblech legen. Mit der zerlassenen Butter einpinseln und etwa 45-55 Minuten im Backofen backen. Schmeckt warm oder kalt einfach nur köstlich.

❚ Für die Vanillesauce das Eigelb mit dem Zucker schaumig schlagen. In einem Topf das Stärkepulver mit der Milch verrühren und unter ständigem Rühren die Eigelbmasse mit dem Mark der Vanilleschote hinzufügen. Kurz aufkochen lassen, bis die Sauce schön cremig ist. Während des Abkühlens hin und wieder durchrühren, damit sich keine Haut bildet. Verfeinern kann man das Ganze noch, indem man 2 EL halbsteif geschlagene Sahne unterzieht.

▍Zu diesem Strudel passt perfekt eine selbst gemachte Vanillesauce. Wenn Sie sie selber zubereiten, haben Sie übrigens auch die Garantie, dass die Sauce wirklich Vanille enthält. Steht nämlich auf der fertigen Vanillesauce (einem Vanillejoghurt, einem Vanillepudding etc.) bei den Inhaltsstoffen nur »Vanillearoma«, kann man davon ausgehen, dass dieses Produkt noch nie mit einer Vanilleschote in Berührung gekommen ist. Selbst wenn da steht »natürliches Aroma, Typ Vanille«, kann es sein, dass das Aroma aus allem Möglichen stammt, das halbwegs natürlich ist, aber eben nicht von einer Vanilleschote. ▍

Aus dem Nähkästchen

**M**it dem Verraten von Geheimnissen ist es ja bekanntermaßen immer so eine Sache. Verrätst du zu viel, bist du nicht mehr interessant, verrätst du alles, gibt es womöglich demnächst Land auf, Land ab ganz viele neue Spitzenrestaurants. Ach ja: Und verrätst du nichts, bist du ein arroganter Pinsel. ∎

Die perfekte Bratensauce
zum Schmorbraten oder zu Rouladen

Für 4 Personen

1–1,5 kg Fleisch
2 Zwiebeln
1 Möhre
¼ Sellerieknolle
½ Stange Lauch oder
  1 Petersilienwurzel
1 EL Tomatenmark
¼ l Rotwein
½ l Fleischbrühe

■ Das Fleisch in einem Topf oder Bräter bei großer Hitze in heißem Fett ringsum braun anbraten. Am besten eignet sich wasserfreies Fett, wie zum Beispiel Schmalz, Sonnenblumenöl oder andere Pflanzenfette. Diese Fette haben den Vorteil, dass sie sich hoch erhitzen lassen.

■ Sobald das Fleisch schön angebraten ist, herausnehmen und zur Seite stellen, dabei den Fleischsaft auffangen. Nun kommen reichlich grob gehackte Zwiebeln, gewürfelte Möhren, Sellerie sowie Petersilienwurzel in den Topf und werden ebenfalls angeröstet. Aber vergessen Sie mir ja nicht, ständig umzurühren, denn wenn Sie nicht aufpassen und womöglich zu viel Hitze geben, wird aus braun schnell schwarz. In diesem bedauerlichen Fall würde das Wurzelgemüse bitter werden, was für eine bittere Sauce nett sein mag, für eine leckere aber eben nicht.

■ Fügen Sie beim Anrösten noch etwas Tomatenmark hinzu. Das erhöht die Anbrenngefahr zusätzlich, schalten Sie also die Hitze nicht zu spät auf mittlere Stufe zurück.

■ Den Braten mit dem aufgefangenen Fleischsaft zu dem leicht gebräunten Gemüse geben und mit einem Schuss Rotwein und/oder Brühe ablöschen.

■ Alles noch mal kurz auf- und einkochen lassen. Bildlich gesprochen sollten Sie ordentlich Dampf ablassen. Da es zu jedem Topf ja den passenden Deckel gibt, sollten Sie diesen nun auflegen und die Hitze so weit herunterschalten, dass der Braten nur noch ganz sanft vor sich hin schmort.

Beim bloßen Gedanken daran läuft mir das Wasser im Mund zusammen ...

■ Für alle Schmorgerichte gilt:

- Je langsamer sie gegart werden, desto saftiger und geschmacksintensiver werden sie. Die Dauer beträgt je nach Größe des Fleischstücks etwa 1 bis 2 Stunden.
- Während der gesamten Garzeit sollte der Braten zwei- bis dreimal gewendet werden. Sollte zu viel Flüssigkeit verkochen, etwas Brühe oder Wasser nachgießen.

- Die eigentliche Sauce des Sonntagsbratens, der sich übrigens auch sehr gut am Samstag essen lässt, wird erst kurz vor dem Servieren fertiggestellt. Und das geht so: Das Fleisch herausnehmen und mit Alufolie abdecken. Die restliche Bratenflüssigkeit mitsamt den kleingekochten Gemüsestückchen nach Belieben mit einem Pürierstab bearbeiten. Verfeinern kann man das Sößchen noch mit Creme fraîche oder Sahne. Danach noch einmal kurz aufkochen lassen. ■

Denken Sie nicht,
dass Wein, den man zum Kochen benutzt,
der letzte Fusel sein kann. Nehmen Sie nur
Wein, den Sie auch trinken würden.

Sauerkraut
selbst herstellen, wie zu alten Zeiten

Für ca 30 Portionen*

5 kg frischer Weißkohl
100 g Jodsalz
12 Wacholderbeeren
1–2 EL Kümmel (nach Belieben)
6 Lorbeerblätter (nach Belieben)
50 ml Weißwein

* Wenn Ihnen das zu viel ist, können Sie die Zutaten einfach halbieren.

Um Sauerkraut herzustellen benötigt man einen Steinguttopf (man könnte auch sagen: einen guten Steintopf) oder ein Holzfass. Vor und nach der Benutzung müssen die Gefäße gründlich mit kaltem Wasser und einer Bürste gereinigt werden.

■ Den Kohlstrunk entfernen und einige Kohlblätter zur Seite legen. Nun den Kohl fein raspeln und in mehreren dünnen Schichten in das Gefäß gegeben. Jede Schicht mit Salz, Wacholderbeeren und, nach Belieben, mit Kümmel und Lorbeerblättern bestreuen, dann mit Weißwein begießen und anschließend mit einem Holzstößel fest stampfen.

■ Die Kohlschichten mit einer Lage aus ganzen Kohlblättern, einem ausgekochten Leinentuch und einem passenden Brett abdecken. Zu guter Letzt mit einem Stein (oder einem anderen schweren Gegenstand) beschweren, damit der Saft aus den Zellen des Kohls tritt.

■ Das Gefäß muss unbedingt luftdicht verschlossen werden, da Sauerstoff die Milchsäuregärung verhindert. Es muss absolut dunkel gelagert werden (ich empfehle einen Kellerraum; sollten Sie Hobbyfotograf sein, nehmen Sie Ihre Dunkelkammer).
Der Gärprozess dauert je nach Jahreszeit und Temperatur zwischen 6 Tagen und 3 Monaten. Bei der Gärung bilden sich verschiedene Geschmacks- und besonders Geruchsstoffe. Jetzt weiß ich, warum ich nie mit Oma in den Keller wollte.

■ Übrigens: Das Krautfass muss nach dem Entnehmen einzelner Portionen immer wieder luftdicht verschlossen werden, und das frische Sauerkraut sollte möglichst innerhalb von zwei Monaten verbraucht werden.

Markbällchen
Was ist eine Rindfleischsuppe ohne sie?

Für 4 Personen

2 mittelgroße Markknochen
2 altbackene Brötchen
2 Eier
1 Bund Petersilie
Salz
frisch geriebene Muskatnuss
etwa 100 g Paniermehl
1 l Brühe

▌ Das Mark aus den Markknochen lösen und in einer Pfanne auslassen. Die Brötchen einweichen und anschließend gut ausdrücken.

▌ Fein gehackte Petersilie, Eier, Salz und Muskatnuss gut vermengen und das ausgelassene Mark durch ein Sieb zur Masse hinzugeben.

▌ Nach und nach das Paniermehl dazugeben und so lange kneten, bis sich die Masse von der Schüssel löst und nicht mehr klebt.

▌ Zu kleinen Bällchen formen und separat in etwas kochende Brühe geben, sofort die Hitze herunterschalten und gar ziehen lassen.

▌ Die Markbällchen sind fertig, sobald sie an der Oberfläche schwimmen.

▌ **Mein Tipp:** Die Markbällchen sollte man immer separat garen. Kocht man sie direkt in der Rindfleischsuppe, besteht die Gefahr, dass die Suppe milchig wird.

Seit BSE-Tagen sind viele Menschen ja vorsichtig im Umgang mit Markknochen geworden. Der Schlachter ihres Vertrauens wird Ihnen mit seinen Produkten die Angst eher nehmen können, als undefinierbare Ware, die in eingeschweißten Plastikpackungen wer weiß wie lang im Supermarktregal gelegen hat. Wem das noch zu heikel ist, der kann anstatt des Marks auch gute Butter zerlassen, dann sind es keine Markbällchen, sondern Butterbällchen, schmecken aber genauso gut.

Eierlikör

Für ca. 2 Liter

30 Eigelb
750 g sehr feiner Zucker
Mark einer Vanilleschote
1 l abgekochte Vollmilch,
    über Nacht im Kühlschrank
    vorgekühlt
½ l hochprozentiger Schnaps,
    am besten Spirytus Rektyfikowany
    (polnischer Schnaps, 95% Vol.)

▌ Die Eigelbe mit Zucker und Vanillemark so lange mixen, bis der Zucker vollständig aufgelöst ist (Achtung, das kann bis zu 20–30 Minuten dauern). Rühren, rühren, rühren.

▌ Dann die Milch unterrühren und den hochprozentigen Schnaps nach und nach langsam hinzugeben. So lange weiterrühren, bis eine cremige Masse entsteht. Hmmmmm, lecker!

▌ Den genannten Schnaps bekommen Sie nicht bei uns, sondern in Polen. Um an so hochprozentigen Alkohol zu gelangen, gehen Sie am besten in die Apotheke. Widerstehen Sie der Versuchung, pur an ihm zu nippen. Der hohe Alkoholgehalt reduziert sich natürlich mit der großen Menge Flüssigkeit, die in Form von Eigelb und Milch zugefügt wird.

Und noch ein Tipp, der Ihrer Gesundheit zugutekommen wird: Die Eier sollten allesamt frisch sein, dann wird's auch kein Russisches Roulette.

Die Königinnen der
Buttersaucen

Für 4 Personen

Sauce Hollandaise
4 Eigelb
2 EL Wasser
250 g Butter, geklärt und erhitzt
Saft von ½ Zitrone
Salz und Pfeffer aus der Mühle

Sauce Bearnaise
4 EL Weißweinessig
2 Schalotten, geschält und gehackt
2 EL Estragon, gehackt
Salz und zerdrückter Pfeffer
4 Eigelb
250 g Butter
1 EL Kerbel, gehackt

Die Saucen sind in der Zubereitung sehr arbeitsaufwändig und weiß Gott nicht einfach, aber wenn's gelingt einfach nur »göttlich«.

▌ **Sauce Hollandaise:** Ein Wasserbad vorbereiten. Hierfür einen kleinen Topf (oder eine Edelstahlschüssel) in einen größeren Topf mit heißem oder kochendem Wasser stellen. Dieses Verfahren wirkt ganz anders als die direkte Gas- oder Elektroflamme.

▌ Eigelb in das Gefäß schlagen und mit dem Wasser verrühren. Unter ständigem Schlagen erhitzen und dick und fest werden lassen. Es soll eine schön schaumige Creme entstehen.

▌ Die geklärte warme Butter nach und nach in die Eiermasse schlagen. Die Sauce sollte hierbei immer fester und gleichzeitig luftig werden. Wenn die Butter aufgebraucht ist, die Sauce mit Salz, Pfeffer und Zitronensaft würzen.

▌ **Sauce Bearnaise:** Essig mit den feingehackten Schalotten, 1 EL Estragon und etwas Pfeffer in einem Topf erhitzen. Die Flüssigkeit einkochen lassen, bis nur noch knapp 1 EL Flüssigkeit übrig ist. Vom Herd nehmen und etwas abkühlen lassen.

▌ Eigelb hineingeben und mit einem Schneebesen kräftig untermischen. Diese Crememasse über einem Wasserbad dicklich schaumig schlagen. Nach und nach die Butter einziehen. Sobald die Sauce eine luftige, dickliche Konsistenz bekommen hat, den Topf vom Herd nehmen und die Sauce durch ein Sieb passieren. Mit Salz würzen und den restlichen Estragon sowie den Kerbel unterheben und servieren.

▌ **Mein Tipp:** Die Sauce Bearnaise passt zu Steaks aller Art, Roastbeef, Filet, aber auch zu Fisch.

▌ **Ein Tipp für beide Rezepte:** Sollte die Sauce bei der Zubereitung im Wasserbad gerinnen, kann man sie durch ganz behutsames Einträufeln und Unterrühren von kaltem Wasser eventuell noch retten. Sie können es auch mit einem Eiswürfel versuchen.

Schmoren und Dünsten

▌Der wesentliche Unterschied zwischen Schmoren und Dünsten liegt in der Garzeit: Beim Dünsten und Dämpfen sollen Farbe, Struktur und der Eigengeschmack (die Aromen) genauso wie die Nährwerte so weit wie möglich erhalten bleiben. Deshalb werden die Nahrungsmittel nur so lange wie unbedingt nötig erhitzt und nur vorsichtig gewürzt. Diese Methode nutzt man vorwiegend für Gemüse, Fisch und Obst.

Auch das Schmoren ist eigentlich ein Dünsten, nur werden die Nahrungsmittel dafür zuerst zur Geschmacksverstärkung in Fett mehr oder weniger stark angebraten. Hierbei sollen sich verschiedene Aromen intensiv miteinander verbinden und schwer verdauliche Eiweißstoffe aufgelockert werden. Bestes Beispiel für diese Liaison der Aromen sind Rouladen (siehe Foto links und Seite 34: Großmutters Rinderrouladen), Schmorbraten oder Gulasch, aber auch einige derbe Winterkohlarten werden auf diese Art zubereitet.

Das perfekte Schmorgericht wird Sie womöglich an Ihre Teenagertage erinnern, wenn das lecker Mädchen oder der Sunnyboy der Klasse, das oder den Sie treffen wollten, endlos viel Zeit verstreichen ließ, bevor sie oder er am Platz des Rendevouz auftauchte und Sie somit schmoren ließ. Alle Gerichte, die geschmort werden, brauchen Zeit zum Garen und werden umso besser, je länger und milder man sie schmoren lässt.

Der richtige Topf

Für das Dünsten benötigt man das richtige Kochgefäß. Der Topf soll eher breit und flach sein, also so groß, dass das Kochgut genügend Platz darin hat. Zu viel Luft im Topf ist nicht gut, da sonst die Gefahr des Anbrennens besteht. Besonders gut eignen sich Töpfe aus Edelstahl mit einem fest schließenden Deckel, der keinen Wasserdampf entweichen lässt. Das am Topfboden verdampfende Wasser wird am Deckel wieder verflüssigt und tropft in den Topf zurück. Nahrungsmittel wie Gemüse, Fisch oder Obst garen so »im eigenen Saft«, ganz ohne Austrocknen.

Flüssigkeit

Bei festeren Gemüsesorten, Fisch und zartem Fleisch gibt man zum Dünsten etwa 1 cm hoch Flüssigkeit in den Topf, es muss übrigens nicht immer Wasser sein, Wein oder Brühe eignen sich vielfach ebenso. Saftreiches Gemüse und Obst gibt man nach dem Abbrausen tropfnass in den Topf. ▌

Wie kommt man zu einer *fixen Sauce?*

Ob Steaks, Kotelettes, Geschnetzeltes oder Leber – einfach jedes Fleischstück, bei dem eine kurze Bratzeit ausreicht (»Kurzgebratenes«), erzeugt bei richtigem Anbraten* in der Pfanne außer Fett auch braune Krusten. Jammerschade, diese achtlos in den Mülleimer zu kippen oder beim Abwaschen mit Spülmittel abzuschrubben, denn es handelt sich hierbei um ganz was Feines: den ausgebratenen, karamellisierten Fleischsaft! Selbst wenn nur der Hauch einer solchen Bratensatzspur vorhanden ist, lässt sich damit eine kleine, feine, köstliche Sauce zaubern.

❚ Zunächst einmal nimmt man das Fleisch aus der Pfanne und stellt es abgedeckt mit Alufolie warm. Wenn viel Fett in der Pfanne sein sollte, schöpfen Sie etwas davon ab. Weiter geht's: Gießen Sie bei großer Hitze so viel Flüssigkeit in die Pfanne, dass der Boden gerade eben bedeckt ist. Zum Aufgießen kann man Wasser, Brühe, Rot- oder Weißwein, Marsala (ein sizilianischer Dessertwein) oder Portwein verwenden.

❚ Das Ganze aufschäumen lassen und mit Salz und Pfeffer abschmecken. Zum guten Schluss ein Stückchen gute Butter einrühren – fertig ist die einfachste Sauce der Welt.

❚ Möchte man mehr Sauce haben, empfiehlt es sich, den Bratensatz mit Sahne oder Creme fraîche geschmackvoll zu verlängern. Neben diesen von der Kuh beigesteuerten Verfeinerungsprodukten können Sie der Fantasie freien Lauf lassen: Beim Anbraten fein gehackte Zwiebeln oder ein paar gequetschte Knoblauchzehen zugeben oder am Ende frische Kräuter – erlaubt ist, was schmeckt!

*Das richtige Anbraten: Die Pfanne ohne Öl sehr heiß werden lassen, dann erst das Öl hineingeben. Nicht zu große Fleischmengen auf einmal anbraten, lieber in mehreren Portionen verarbeiten. Das Fleisch in der Pfanne nicht sofort verschieben oder rühren (Letzteres gilt besonders für Geschnetzeltes).

Ganz
fix
und
einfach
lecker!

Ketchup

1 kg Tomaten
2 Zwiebeln, geschält und fein gehackt
2 EL Öl
⅛ l Weißweinessig
2 EL Zucker
1 TL Curry
10 Pfefferkörner
3 Nelken
5 Pimentkörner
etwas Salz

▮ Tomaten abbrausen, Stengelansätze herausschneiden und die Tomaten vierteln.

▮ Die Zwiebeln in Öl andünsten, die Tomaten hinzufügen und alle weiteren Zutaten dazugeben. Bei geringer Hitze etwa 40 Minuten einkochen lassen, dabei ab und an umrühren.

▮ Die Masse durch ein Sieb passieren, wenn nötig nochmals abschmecken, dann erneut kurz aufkochen lassen. Sofort in Gefäße füllen und verschließen.

▮ **Mein Tipp:** Die Gefäße sollten ausgekocht sein. Am besten nehmen Sie eine alte, leere Ketchupflasche – es könnte für lange Zeit Ihre letzte aus dem Supermarkt gewesen sein.

▮ Tomatenketchup selbst zu machen, löst beim Zubereiter am Tag der Erstherstellung garantiert einen »Aha-Effekt« aus. Zumindest, wenn es Ihnen gelingt, reife, sehr schmackhafte Tomaten zu finden (ich finde kanarische Freilandtomaten oder die italienische San-Marzano-Sorte besonders gut). Eine Flasche Ketchup ist schnell gekauft, Unterschiede in den Marken zu schmecken aber nicht immer leicht. Das Produkt hier ist ganz anders: Man schmeckt sofort, dass es selbst gemacht ist und freut sich beim Probieren schon darauf, beim nächsten Mal vielleicht ein wenig Chili oder eine andere Currymischung zu verwenden.

Hier gilt wie beim Ketchup:
Vor dem Abfüllen sollten die Gläser
ausgekocht werden.

Omas eingemachte Essiggurken

Für etwa 7 Gläser (je 1 l Inhalt)

4 kg Gurken
60 g Salz
370 g Perlzwiebeln
7 Zweige frischer Estragon
7 Zweige frischer Dill
1 TL Pimentkörner
1 TL Pfefferkörner
70 g Meerrettich,
   in Stücke geschnitten
1 Päckchen Einmachhilfe

Einlegesud
1 ½ l Weinessig
1 ½ l Wasser
300 g Zucker

▊ Die Gurken unter fließendem Wasser abbürsten und in eine große Schüssel geben. Mit Salz bestreuen und mit Wasser aufgießen, so dass sie gerade bedeckt sind. 24 Stunden an einem kühlen Ort stehen lassen.

▊ Die Gurken aus dem Salzwasser nehmen, sorgfältig abbrausen, einzeln abtrocknen und die schlechten Stellen wegschneiden.

▊ Perlzwiebeln, Meerrettich, Dill und Estragon putzen und in Stücke schneiden. Die Gurken abwechselnd mit allen anderen Zutaten gleichmäßig in die Gläser schichten.

▊ Die Essig-Zucker-Lösung zum Kochen bringen, 1 Päckchen Einmachhilfe einrühren und die Gurkengläser damit auffüllen.

▊ Die Gläser gut verschließen und etwa 7 Tage stehen lassen.

■ Im Nachhinein frage ich mich, wie groß eigentlich Omas und Opas Keller war. Sauerkrautfässer hier, die Ergebnisse der Marmeladen- und Gurkenproduktion dort, dazwischen eingelagerte Äpfel und Kartoffeln, Letztere auch gern dazu benutzt, in einem weiteren Kellerraum einen feinen Selbstgebrannten aufzusetzen. Übrigens gilt hier wie beim Ketchup: Die Gläser sollten zuvor ausgekocht werden. ■

Der Fond
Grundlage für jede perfekte und herzhafte Sauce

Brauner Fond

3 EL Öl
1–1,5 kg Knochen und Fleischab-
 schnitte von Kalb, Rind oder Lamm
2 Möhren
2 Zwiebeln
1 Petersilienwurzel
1 Stange Lauch
¼ Sellerieknolle
2 Knoblauchzehen
1 Lorbeerblatt
¼ l Rotwein
1 l Wasser
2 Zweige Thymian
1 Zweig Liebstöckel
1 Teelöffel Pfefferkörner, zerdrückt
1 Teelöffel Pimentkörner, zerdrückt
1 Teelöffel Wacholderbeeren, zerdrückt
1 EL Tomatenmark
Salz und Pfeffer aus der Mühle

Heller Fond

1–1,5 kg Kalbsknochen oder
 Geflügelklein/Geflügelkarkassen
1 Lauchstange
1 Zwiebel
2 Knoblauchzehen, geschält
2 Möhren
1 Stange Staudensellerie
Salz und Pfeffer aus der Mühle
5 weiße Pfefferkörner
5 Pimentkörner
3 Wacholderbeeren
3 Lorbeerblätter
1 Thymianzweig
½ Bund glatte Petersilie

Nicht immer kommt man zu einer guten Sauce, zum Beispiel, wenn der Braten keinen Saft abgibt. Und dann?

Das Fleisch zu beschimpfen oder in Selbstmitleid zu verfallen hilft nicht, was also tun? Zunächst einmal: Wenn Sie an genau der beschriebenen Stelle Fond brauchen, ist es zu spät – zumindest, wenn Sie ihn selbst machen wollen. (Den in Gläsern gibt es ja von verschiedenen Herstellern, an einem speziellen Platzerl in München genauso wie im Kellergewölbe einer Burg in Stromberg.) Denn einen Fond muss man rechtzeitig zubereiten. Das ist aber auch kein Problem, man kann ihn nämlich auf Vorrat herstellen und portionsweise einfrieren (in der Tiefkühltruhe hält er sich etwa drei Monate).

▌ **Brauner Fond:** Das, was sonst beim Metzger bleibt, ist die Grund-lage für eine geniale Sauce. Aus Knochen, Knorpeln, Sehnen und Fleischabschnitten von Kalb und Rind entsteht ein brauner Fond. Dafür im Backofen oder auf dem Herd diese Teile so lange anrösten, bis alles schön gebräunt ist.

▌ Eine Kelle heißes Wasser darübergießen, damit sich der Braten-saft löst. So lange braten, bis die Flüssigkeit verdampft ist und Fett austritt. Je intensiver alles angeröstet, abgelöscht und wieder ein-gekocht wird, umso besser wird der Fond. Den Vorgang also ruhig ein paar Mal wiederholen.

▌ Vor dem letzten Anrösten Wurzelgemüse und Kräuter hinzuge-ben, mit Tomatenmark und einem Schuss Rotwein ablöschen, gut umrühren und erneut einkochen. Zum Schluss alles in einen Topf geben, Bratensatz mit heißem Wasser lösen und bei geringer Hitze mindestens 4–5 Stunden auskochen. Wenn Sie zwischendurch immer mal den Schaum abschöpfen, können Sie mit Fug und Recht sagen, dass Sie der Schöpfer dieses Fonds sind.

Fischfond

1,5 kg Fischkarkassen von hellem
    Fisch
1 Lauchstange (nur das Weiße)
200 g Sellerie
2 Schalotten
1 Möhre
2 kleine Petersilienwurzeln
40 g Butter
¼ l Weißwein
1 l Wasser
Salz
2 Pimentkörner
8 weiße Pfefferkörner
1 Lorbeerblatt
1 Zweig Thymian

▮ **Heller Fond:** Kalbsknochen und -füße und/oder Geflügelklein zusammen mit Sellerieknolle, Lauch, Zwiebeln und Petersilienwurzel im geschlossenen Topf bei mittlerer Hitze so lange dünsten, bis das Fett austritt und die Fleischstücke sich leicht gelblich färben. Achtung: Nicht bräunen lassen!

▮ Mit kaltem Wasser aufgießen, bis alles knapp bedeckt ist, und bei mittlerer Hitze 2–3 Stunden köcheln lassen.

▮ **Fischfond:** Das helle Suppengemüse und die grob geschnittenen Zwiebeln oder Schalotten in etwas Butter andünsten.

▮ Fischgräten und Köpfe (kann man beim guten Fischhändler bekommen oder dort vorbestellen) zugeben. Halb mit trockenem Weißwein und halb mit Wasser aufgießen, Kräuter und Gemüse hinzufügen und zugedeckt 20–30 Minuten kochen.

Was ich heimlich von Johann gelernt habe

Johann Wolfgang von Goethes »Erlkönig« berührte und beängstigte mich schon zur Schulzeit sehr viel mehr als so manche mathematische Formel. Die Musik von Falco mochte ich schon immer – wussten Sie, dass sein richtiger Name Johann Hölzel war? Und ich tanze, seitdem ich meine Füße bewegen kann, besonders gern Walzer. Wer verbindet Walzer nicht mit Johann Strauß? Johann Lafer war für mich schon ein Vorbild, als ich vom Fernsehkoch-Dasein noch so weit entfernt war wie womöglich existierende Außerirdische von dem Besuch einer Aufführung mit dem schönen Titel »Südseesentimentalitäten« der Laienspielgruppe Schafstedt-West. Ich sammelte Artikel von und über ihn, kaufte mir Gourmetzeitschriften mit seinen Rezepten und bekam sogar einmal ein Autogramm von ihm. Es hängt heute noch in der Oldiethek. Kurz und gut: Ich lernte schon von Johann, als ich ihn noch gar nicht kannte.

Aber natürlich sollte man auch niemals im Leben aufhören, zu lernen. Jedes Treffen mit jedem guten Koch, es muss gar kein Profi sein, ist eine Gelegenheit, kleine Koch- und Küchen-Tipps und -Tricks zu erfahren. Neue Gerichte lernt man bei solchen Treffen genauso kennen wie neue Zutaten oder Zubereitungsarten. Auch die kleinen Spleens, die wir alle haben, werden so unter Kollegen weitergegeben.

»Knoblauch nicht pressen!«

Das ist so eine Geschichte. Ich habe allerdings einmal von einem befreundeten Richter im Grundgesetz nachschauen lassen, und er hat keinen entsprechenden Paragrafen oder Artikel gefunden. Die Bestrafung mit »Unter-den-Achselhöhlen-mit-einem-Schneebesen-Kitzel-Folter« für Knoblauchpresser wurde auch in Österreich vor einigen Jahren abgeschafft.

Ich bin froh, dass mein Beruf es mir ermöglicht, so viele verschiedene Menschen zu treffen. In einer Sendung wie der »Küchenschlacht« sind es talentierte Hobbyköche, die einen zum Staunen bringen, bei »Lafer! Lichter! Lecker!« lustige Prominente und bei »Lanz kocht!« sind es die Starköche aus allen Regionen, die uns mit ihrem Fachwissen bereichern.

Ich lege Ihnen ans Herz:

Wenn Sie das Kochen lieben, seien Sie neugierig. Fragen Sie im Restaurant Ihrer Wahl ruhig einmal, ob Sie einen Blick in die Küche werfen dürfen (und seien Sie misstrauisch, wenn nicht) oder danach, wie zur Hölle dieses in sich selbst gebogene Zuckergitter auf dem Nachtisch gefertigt wurde. Erkundigen Sie sich am Marktstand, woher denn der Braeburn-Apfel kommt, aus dem Alten Land oder aus Neuseeland – Letzterer wurde mit seiner langen Anreise zu einem echten Kilometerfresser. Nehmen Sie zur Kenntnis, dass in der Fleischtheke im Supermarkt nun mal keine Lammknochen zu kriegen sind, und fragen Sie den hoffentlich noch existierenden Schlachtermeister im Ort, ob er welche beschaffen kann. Womöglich kann er Ihnen sogar sagen, auf welcher Weide in der Nähe das Lamm das letzte Mal gegrast hat. Sie ahnen gar nicht, was für ein beruhigendes Gefühl es ist, dass es nicht im Viehtransporter eingepfercht quer durch Europa gefahren wurde.

Gutes kann kosten.

Muss aber nicht. Mal zu verzichten, heißt, sich an anderer Stelle etwas gönnen zu können. Bereit sein, von anderen zu lernen, heißt, Wissen weitergeben zu können. Was meinen Sie, wie viele Schriftsteller von Goethe inspiriert worden sind? Und wie viel Knoblauch heute nicht mehr durch die Presse gejagt wird, weil ein Johann Lafer das nicht so gern hat?! ■

Backhendl – Brathähnchen

2 Junghühner (je 1 ½ kg)
Salz
3 Eier
100 g Weizenmehl
150 g Semmelbrösel
Öl oder Schmalz zum Ausbacken
2 Zitronen
½ Bund Petersilie

❚ Die Hühner vierteln und das Rückgrat und den Hals entfernen. Die Haut abziehen. Die Innenseite der Keule zum Knochen einschneiden. Dann die Fleischstücke kräftig mit Salz würzen.

❚ Die Eier verquirlen und die Geflügelstücke zuerst in Mehl, dann in Ei und anschließend in Semmelbröseln wenden. Die Panade gut andrücken.

❚ In einer tiefen Pfanne oder in einem Topf genügend Fett erhitzen, damit die Hühnerteile darin schwimmend ausgebacken werden können. Die Hühnerteile hineinlegen. Wenn sie eine schön goldene Farbe haben, herausnehmen und abtropfen lassen.

❚ Das Backhendl mit Zitronenecken und Petersilie anrichten.

❚ Als Beilage empfehle ich Kartoffelsalat mit Kürbiskernöl, andere Salate oder Petersilienkartoffeln.

Der Inbegriff des Schick-Essen-Gehens in den 70er-Jahren war für mich der Gang in den »Wienerwald«. Allein die Anmerkung auf der Karte, dass die Zubereitung des Backhendls und somit die Wartezeit für den Gast 30 Minuten betragen würde, vermittelte einem, dass es sich bei der Zubereitung eines solchen Hahns wirklich um eine streng geheime Kunst dieses einen Kochs in diesem Lokal handeln musste. Aber während einem das Wasser in diesen nicht enden wollenden Minuten im Mund zusammenlief, wusste man ganz genau: Es würde sich wirklich lohnen. Stoppen Sie mal mit, wie lange Sie für das Rezept brauchen, es kommt dem »Original Wiener Backhendl« schon sehr nahe.

Knoblauchsuppe

Bei allem, was ich von Johann gelernt habe, steht ganz weit oben, dass man Knoblauch nicht pressen soll. Bei dieser Suppe habe ich das Gefühl, Johann kann noch was von mir lernen, da ich sie einfach leckerer finde, wenn man den Knoblauch eben doch presst, weil man dann keine Stückchen in der Suppe hat, sondern eher eine Knoblauchpaste. Probieren Sie es einfach mal aus.

Für 4 Personen

4 EL Mehl
2 EL Butter
5 Knoblauchzehen
¾ l Brühe
Kräutersalz
Pfeffer aus der Mühle
¼ l Milch
2 Toastbrotscheiben,
   in kleine Würfel geschnitten
⅛ l Sahne
½ Bund Schnittlauch,
   in feine Röllchen geschnitten

Das Mehl in der Butter unter ständigem Rühren kurz anrösten. Den Knoblauch pressen und hinzugeben. Mit der Brühe ablöschen, mit Salz und Pfeffer würzen, einmal aufkochen lassen und die Milch zugießen.

Bei kleiner Hitze 15 Minuten ziehen lassen. In der Zwischenzeit die Weißbrotwürfel in einer Pfanne ohne Fett rösten.

Zum Schluss die Knoblauchsuppe mit der Sahne verfeinern, mit Schnittlauch bestreuen und mit den Croutons servieren.

In Österreich nennt man dieses Gericht »Schöpsernes«.

Lammbraten aus dem Backofen

Für 4 Personen

1 kg Lammfleisch (Schulter, Keule)
150 g Zwiebeln
2 Knoblauchzehen
500 g Suppengemüse
   (z.B. Möhren, Petersilienwurzel,
   Lauch und Sellerie)
¼–½ l Lammfond
2 Zweige frischer Thymian
2 Zweige frischer Rosmarin
500 g Kartoffeln
2 EL Butterschmalz
Salz und Pfeffer aus der Mühle

▊ Das Lammfleisch in kleine Stücke zerteilen. Mit Salz und Pfeffer rundum gut würzen. Zwiebeln und Knoblauch schälen und fein schneiden, das Wurzelgemüse in grobe Stücke schneiden. Das Fleisch mit Zwiebeln, Knoblauch und Wurzelgemüse im erhitzten Butterschmalz in einem ofenfesten Topf von allen Seiten schön scharf anbraten.

▊ Mit etwas Lammfond ablöschen, die frischen Kräuter hinzugeben und im Backofen bei 200–220 °C etwa 2 Stunden braten. Mehrmals Flüssigkeit aufgießen und das Fleisch wenden.

▊ Die Kartoffeln schälen und vierteln und nach ca. 1 Stunde dazugeben (salzen nicht vergessen!).

▊ **Mein Tipp:** Ganz heiß servieren und Rettich- oder Krautsalat dazu reichen.

In der Siedlung, in der ich aufgewachsen bin, gab es einen Platz, an dem ich mich mit meinen Freunden beinahe täglich traf. Der war so schön, weil man ihn von der Straße nicht richtig einsehen konnte und wir uns somit beim Mist-Aushecken unbeobachtet fühlten.

Dass das mit dem Aushecken so gut funktionierte, lag bestimmt auch an den sehr blickdichten Hecken des an diesen Platz angrenzenden Häuschens. Außer, dass dort keine Kinder wohnten, sondern ein altes Ehepaar, das manchmal zornig »Ruhe!« oder »Ich ruf' gleich die Polizei!« zu uns rüber brüllte, wussten wir im Grunde nichts über die Bewohner. Nur eines: Einmal im Monat zog ein in unseren Nasen furchteinflößender Geruch aus dem Haus, ein Geruch, den wir nicht im Geringsten einordnen konnten. Erst durch einen komischen Zufall, den ich wirklich nicht in einem Kochbuch aufschreiben kann, erfuhren wir, dass an diesen speziellen Tagen ein Hammeleintopf zubereitet wurde.

Ich werde diesen Geruch niemals vergessen, und er macht es mir bis heute unmöglich, auch nur daran zu denken, jemals Hammel zu essen. Und als Johann mir mal vom »Schöpsernen« erzählte, kam mir der Geruch schlagartig wieder in die Nase. Ein Schöps war nämlich bei Johann zu Hause ein anderes Wort für Hammel. Wir waren uns schnell einig, für die rheinisch-steirische Variante des Schöpsernen lieber Lammfleisch zu verwenden.

Aber was ist eigentlich was?
Milchlamm: klar, hat nur Muttermilch zu sich genommen, meist nicht älter als drei Monate.

Lamm: maximal ein Jahr alt, hat außer Milch auch schon Grünzeug gefuttert.

Schaf: Weibchen, das bereits Nachwuchs geboren hat, kann aber auch ein kastriertes männliches Schaf sein (nicht kastriert spricht man vom Bock).

Nusskuchen mit Quarkcreme

Teig

6 Eier
230 g Butter
230 g Zucker
75 g Mehl
2 gestrichene TL Backpulver
230 g geriebene Nüsse
1 Glas Marmelade (nach Belieben)

Quarkcreme

250 g Quark
Saft einer Zitrone
100 g Zucker
1 Päckchen Vanillezucker
3 Eigelb
3 Blatt Gelatine
⅛ l Sahne

▌ Den Backofen auf 175 °C vorheizen.

▌ Für den Teig die Eier trennen. Butter, Zucker und Eigelb schaumig rühren. Mehl sieben und mit Backpulver und Nüssen vermischen. Unter die Eigelbmasse rühren. Eiweiß zu steifem Schnee schlagen und vorsichtig unter den Teig heben.

▌ Den Teig in eine gefettete Springform (Durchmesser 28 cm) verteilen und für etwa 30 Minuten im Backofen backen.

▌ Den ausgekühlten Kuchen etwa einen halben Zentimeter dick mit der Marmelade bestreichen.

▌ Für die Quarkcreme Quark, Zitronensaft, Zucker, Vanillezucker und Eigelb gut verrühren. Die Gelatine in kaltem Wasser einweichen, ausdrücken, in einem Topf bei niedriger Temparatur auflösen und langsam unter die Quarkcreme rühren.

▌ Zum Schluss die Sahne schlagen und unterheben. Die Creme auf dem Nusskuchen verteilen. Für einige Stunden kalt stellen.

■ Wie man auf herkömmliche Art Eier trennt, weiß ja jeder. Ich habe eine schnelle Alternative für Sie, zumindest, wenn Sie ein reinlicher Mensch sind. Diese Methode würde ich allerdings so im Fernsehen nicht vorführen.

1. Waschen Sie die Hände besonders gründlich.
2. Waschen Sie sie so gründlich, dass alle Seifenrückstände wirklich abgewaschen sind.
3. Stellen Sie eine Schüssel bereit.
4. Schlagen Sie das Ei auf.
5. Fangen Sie das zuerst herausrinnende Eiweiß, das ja eigentlich Eiklar heißt, in der Schüssel auf.
6. Lassen Sie das Ei aus der Schalenhälfte in die hohle Hand gleiten, die Finger dicht aneinander.
7. Dann lassen Sie das Ei abwechselnd von einer Hand in die andere gleiten.
8. Durch das leichte Öffnen der Finger rinnt durch die V-förmigen Öffnungen das Eiweiß, das ja eigentlich Eiklar ist, in die Schüssel, während das Eigelb in der Hand bleibt.
9. Wenn Sie das nicht verstanden haben, schicken Sie einen frankierten und mit Ihrer Adresse versehenen Rückumschlag an den Verlag dieses Kochbuchs, die Grafiker dort werden Ihnen eine Zeichnung anfertigen. (Das ist ein Scherz! Der Grafiker.) ■

Quarksoufflé
mit Früchteragout

Für 4 Personen

Früchteragout

2 Orangen

2 Zitronen

3 Limetten

1 rosa Grapefruit

100 g Zucker

200 ml Orangensaft (frisch gepresst)

2 EL Orangenlikör

1–1 ½ EL Speisestärke

Quarksoufflé

3 Eier

200 g Magerquark

Mark einer Vanilleschote

1 EL Speisestärke

Salz

60 g Zucker

80 g Himbeeren

Puderzucker zum Bestäuben

etwas flüssige Butter und Zucker
   für die Förmchen

▌Den Backofen auf 250 °C vorheizen.

▌Für das Ragout alle Zitrusfrüchte so schälen, dass die weiße Haut vollständig entfernt ist. Die Filets zwischen den Trennhäuten herausschneiden, dabei den Saft der Früchte auffangen.

▌Den Zucker goldbraun karamellisieren. Mit Orangensaft und dem aufgefangenen Zitrussaft ablöschen und auf die Hälfte einkochen. Orangenlikör hinzufügen. Speisestärke mit etwas kaltem Wasser anrühren und den eingekochten Saft damit binden. Die Zitrusfilets zugeben, von der Kochstelle nehmen und abkühlen lassen.

▌Für die Soufflés 4 Förmchen (à 130 ml Inhalt) dünn mit Butter auspinseln und mit Zucker ausstreuen. Ein tiefes Backblech mit Backpapier auslegen und so viel heißes Wasser einfüllen, dass die Förmchen später zu einem Drittel im Wasser stehen. Backblech auf der mittleren Schiene in den Backofen schieben.

▌Die Eier trennen. Eiweiß kalt stellen. Eigelb mit Quark, Vanillemark und Speisestärke glattrühren. Mit den Quirlen des Handrührers das Eiweiß mit einer Prise Salz leicht anschlagen. Den Zucker nach und nach einrieseln lassen und das Eiweiß steif schlagen. Eischnee vorsichtig unter die Quarkmasse heben.

▌Die Soufflémasse in die Förmchen füllen, ins Wasserbad setzen und im heißen Ofen auf der mittleren Schiene 15 Minuten backen. Soufflés mit Früchteragout und Himbeeren anrichten. Mit Puderzucker bestäuben und sofort servieren.

Ich musste einmal die Erfahrung machen, dass in der Gegenwart eines Kochs wie Johann Lafer sogar meine Gerichte im Ofen erstarren. Die miesen Schurken wollten sich einfach nicht aufblähen. Da war einfach nichts zu machen. Noch heute spricht man von den »flachsten Souffles, die je ein Fernsehstudio von innen gesehen haben ...«. Trotzdem haben sie irrsinnig lecker geschmeckt.

Holundersirup

Für ca. 3 Liter

12–15 Holunderblütendolden
1,5 l Wasser
3 unbehandelte Zitronen, geviertelt
    oder in Scheiben geschnitten
2 kg Zucker
65 g Zitronensäure

▌ Holunderblüten gut waschen und in einem großen Behälter mit den restlichen Zutaten vermischen. Öfter umrühren, damit der Zucker sich gut auflöst.

▌ 2–3 Tage stehen lassen, dann durchsieben und in gut verschließbare Flaschen füllen. Kühl und dunkel lagern.

▌ **Mein Tipp:** Den Holunderblütensirup kann man in der kalten Jahreszeit mit heißem Wasser oder Kräutertee verdünnt trinken. Im Sommer kann man ihn mit kaltem Wasser als Erfrischungsgetränk servieren. Die dritte Variante: Man gießt ihn über Vanilleeis, Pudding, Griesbrei oder andere Desserts.

▌ Da es auf Wochenmärkten der meisten Regionen nördlich des Schuhbeck-Äquators sehr schwierig ist, Holunderblüten zu bekommen, rate ich Ihnen: Pflücken Sie zur Blütezeit Mitte Mai einfach eine ausreichend große Menge vom Nachbarsbaum. Aber fragen Sie Ihre Nachbarn besser vorher. ▌

Kalt oder heiß – Holundersirup stärkt die Abwehrkräfte!

Zubehör
Was man wirklich braucht

Als Fernsehkoch ist man ja eine Art Mädchen für alles. Manchmal auch in Koch- und Küchenfragen. Eine der Fragen, die sich bei mir nicht um Bartwuchs dreht, ist: Wie sollte die Küche beschaffen sein?

In ein paar Dingen, könnte man meinen, bin ich da natürlich ein Ratschlaggeber ganz besonderer Natur. Schauen Sie sich mal die Oldiethek an, da wird auf einem alten flämischen Kachelofen gekocht, der noch mit Holz befeuert wird. Ich bin mal gespannt, wer diesen Tipp befolgen möchte. Aber genau die Kenntnis von alten Methoden und Küchenausstattungen hilft mir bei solchen Ratschlägen ungemein. In früheren Zeiten waren die Küchen nämlich sehr geräumig, da hier zum größten Teil nicht nur das gemeinsame Essen, sondern auch Kommunikation und Geselligkeit zwischen Familie und Freunden stattfand.

Wo ist es gemütlicher als in einer Küche?

Ja klar, im Schlafzimmer, aber mal ehrlich, wollen Sie da von einer Dunstabzugshaube gestört werden? Wie, ich hab Sie auf eine Idee gebracht ...? Die Küche von früher: Das Buffet, der Stolz einer jeden Hausfrau (jaja, Alice Schwar-zer und Dieter Bohlen waren noch lange nicht in Sicht, wir Männer mussten uns für die Küchenarbeit erst emanzipieren), hatte seinen Ehrenplatz an der schönsten Wand. Herd, Wasserhahn mit Ausguss, Abfalleimer und viele andere Sachen verteilten sich an den übrigen Wänden. Der Vorratsschrank oder besser noch die Vorratskammer durfte nicht fehlen. Und in der Mitte des Raumes – unter der Lampe – stand der Küchentisch. Infolge dieser Planlosigkeit musste die Hausfrau täglich fast 10 km oder mehr von einem Gerät und einem Arbeitsplatz zum anderen marschieren.

In der heutigen Zeit gibt es keine Patentlösung für die ideale Kücheneinrichtung und -ausstattung. Ansprüche, Zimmergrößen und Geldbeutel, Kochgewohnheiten und Kochbegeisterung schaffen für jeden Fall andere Voraussetzungen. Nicht jeder ist in der glücklichen Lage, eine neue Küche von Grund auf planen und einrichten zu können, obwohl sich nach Umfragen jede zweite Hausfrau (bzw. jeder zweite Hausmann) eine neue Küche wünscht. Aber ich kann Ihnen versichern: Wenn Sie eine neue Küche planen und ein gutes Küchenstudio gefunden haben, ist ein Fachmann Gold wert. Der hat Ideen, von denen haben Sie noch niemals gehört! ∎

Im Mittelpunkt: der Herd

Unsere Vorfahren zündeten ein offenes Feuer an und hängten ihre Bratspieße darüber. Das ist womöglich der Grund, wieso bierbäuchige Männer sich bei den ersten Frühlingssonnenstrahlen kurzärmelig in Gärten oder auf Balkonen versammeln, um zu grillen. Es scheint, als würden wir zu den Wurzeln unserer Vorfahren zurückkehren.

Es gibt eine Vielzahl von Möglichkeiten, wie man Speisen am schnellsten und sichersten, am energieeffizientesten kocht und brät, dünstet und schmort, dämpft und backt.

Ob die Wahl auf einen Gas-, Elektro- oder Induktionsherd oder gar einen Kohleofen fällt, hängt wiederum von Ihren finanziellen Möglichkeiten, von den verfügbaren Energiequellen und von der Größe des Haushalts ab. Ich kann Ihnen nur sagen: Wenn Sie einmal mit einem Gas- oder Induktionsherd gekocht haben, werden Sie begeistert sein, wie schnell die Dinger reagieren. Wenn Sie den Platz (und das Geld) haben, sollten Sie sich auch von der Standardbreite 60 cm verabschieden. Mehr Platz auf dem Herd, womöglich eine fünfte Flamme oder ein extrabreiter Ofen – ein Traum.

Küchenausstattung

Der Traum wird zum Alptraum, wenn man Hightech zur Verfügung hat, aber an Kleinigkeiten spart. Folgende Küchengeräte sind wirklich nützlich; es ist aber natürlich zu bedenken, dass die Zusammenstellung der Grundausrüstung von den Kochgewohnheiten, Ansprüchen und selbst von den zu bekochenden Personen abhängt – eine Vegetarierfamilie braucht bestimmt keinen Fleischwolf!

Bei der folgenden Übersicht ist der Bedarf für 4 Personen zugrunde gelegt.

- 1 Topf (6 l)
- 2 Töpfe (4 l)
- 1 Topf (2 l)
- 1 Schmortopf
- 1 Kasserolle
- 1 flache Bratpfanne (Durchmesser 32 cm)
- 1 tiefe Bratpfanne (Durchmesser 32 cm)
- 1 kompletter Schüsselsatz (Kunststoff, Steingut oder Edelstahl)

Allgemeine Gerätschaften
- 3 Abtropfsiebe (verschiedene Größen)
- 1 Haarsieb
- Kartoffelpresse
- Eierschneider (damit schneidet man ja nicht nur schnell und sauber Eier, sondern zum Beispiel auch Champignons)
- Zitronen- und Orangenpresse
- Gemüsehobel
- Schneebesen
- Muskatreibe
- Tranchierbrett
- Auflaufform
- 1 Satz Küchenmesser (Qualität macht sich bezahlt, lieber eins weniger, dafür gute Qualität)
- Kartoffelschäler
- Tranchierbesteck
- Fleischgabel
- Geflügelschere
- Salatbesteck
- 3 Holzrührlöffel

- 2 Pfannenwender
- Kartoffelstamper
- Schaumlöffel
- 2 Schöpfkellen
- Dosenöffner
- Korkenzieher
- Messerschleifstein
- Küchengarn
- Salz und Pfeffermühle (auch hier wird es Sie schnell ärgern, wenn Sie an Qualität sparen; für Salz reicht zur Not ein Streuer)

Zum Backen
- Messbecher
- Küchenwaage (präzise, mit Zuwiegfunktion)
- Backpapier
- Backbrett
- Nudelholz
- Kuchengitter
- Teigschaber
- Backblech
- Backgitter
- 1 Satz Ausstechformen
- Teigrädchen
- Backpinsel
- Rührlöffel
- Spritzbeutel mit unterschiedlichen Tüllen
- Backschüssel
- Kastenform
- Springformen
- Napfkuchenform

Küchenmaschinen

- Pürierstab (zum Beispiel zum Aufschäumen von Saucen und Süppchen – Sterneköche wie Johann oder Alfons können gar nicht ohne, sie führen 24 Stunden am Tag einen mit sich)
- Mixgerät
- Entsafter
- Fleischwolf
- Mandelmühle

... oder eine Küchenmaschine mit allem Zubehör

Gewürze

Das Gewürzregal in der Küche kann gar nicht groß genug sein (bei Alfons Schuhbeck hat es die Ausmaße eines Einkaufszentrums). Ebenso sollte ein kleiner Kräutergarten nicht fehlen: Rosmarin, Thymian, Petersilie und Basilikum sollten Sie immer im Haus haben.

Es gibt übrigens kein Patentrezept beim Gebrauch von Gewürzen, man kann sich nur auf Erfahrung, Finger- und Zungenspitzengefühl verlassen. Dabei gilt der abgedroschene, aber wahre Spruch: Probieren geht über studieren.

Folgende Regeln sollten Sie beim Würzen aber im Hinterkopf oder auf der Zunge haben

- Gewürze sollen den Eigengeschmack einer Speise hervorheben, ihn aber nicht überdecken.
- Viele Profis und Kenner halten eine Speise dann für vorbildlich gewürzt, wenn kein einzelnes Gewürz mehr herauszuschmecken ist oder man die Gewürzkombination nur mit Mühe definieren kann.
- Frisch gemahlene Gewürze sind besonders ergiebig im Geschmack.

- Gewürze verlieren schnell an Geschmack – achten Sie darauf, sie in gut verschließbaren Behältnissen aufzubewahren.
- Frische Kräuter werden den Speisen bei der Zubereitung am besten recht spät zugefügt und in der Regel gar nicht oder nur kurz mitgekocht.

Aber lassen Sie sich von diesen kleinen Anmerkungen nicht verrückt machen: Erlaubt ist, was schmeckt, und das Tag für Tag.

Zutaten

Gewöhnen Sie sich an, zu Hause (ob im Kühlschrank oder im Vorratsraum oder in beidem) Standardzutaten aufzubewahren, aus denen sich ein leckeres Essen zaubern lässt, selbst wenn es nur ein warmer oder kalter Snack für zwischendurch ist. Eine Packung Nudeln, eine Knoblauchzehe, ein gutes Olivenöl und etwas Parmesan, und Sie haben innerhalb von zwölf Minuten ein leckeres Pastagericht auf dem Tisch.

Die wichtigsten Zutaten kann man nicht kaufen

- Fantasie
- Mut, Neues auszuprobieren
- Motivation, etwas Leckeres auf den Tisch zu bringen
- Genuss und Lust, selbst lecker zu essen
- Leidenschaft

Haben Sie das verinnerlicht, heißt es nur noch: Einfach kochen – mehr nicht, denn Kochkunst lebt nicht von Modeerscheinungen, sondern von der Qualität der Produkte und ihrer Zubereitung.

Küchenkauderwelsch

▌**Ablöschen** Vorgang, bei dem beispielsweise Bratensatz nach und nach unter ständigem Rühren mit wenig aufgegossener Flüssigkeit vom Boden abgekocht und glattgerührt wird.

▌**Andünsten** (auch Anschwitzen genannt) Klein geschnittenes Gemüse, Zwiebel, Knoblauch etc. in heißem Fett erhitzen, ohne dass es bräunt.

▌**Ausbacken** (auch Frittieren genannt) In heißem Fettbad (180°–210°C) schwimmend garen.

▌**Abschäumen** Abschöpfen des Eiweißgerinnsels auf Fleischbrühen bzw. des Zuckerschaums beim Kochen von Gelee oder Marmelade.

▌**Blanchieren** (auch Überbrühen genannt) Nahrungsmittel kurz mit kochendem Wasser übergießen oder sie kurz in kochendes Wasser tauchen.

▌**Farce** Eine Füllung, die aus einer Mischung aus rohen oder gegarten, gehackten, gemahlenen oder zerstoßenen und gewürzten Zutaten besteht. Eine Farce wird verwendet, um Fleisch, Fisch, Geflügel, Pasteten, Gemüse, Gebäck etc. zu füllen.

▌**Flambieren** Abbrennen, Abflämmen, Überflammen einer heißen Speise mit Branntwein wie zum Beispiel Weinbrand, Rum, Gin, Wodka, Obstbrand etc.

▌**Fond** (frz.: Grundlage) Nach dem Anbraten von Fleisch oder Gemüse an der Pfanne oder im Topf haftender, angebackener Bratensatz, mit Flüssigkeiten aufgegossen zu Soße verarbeitet.

▌**Gratinieren** (Überbacken) Speisen bei starker Oberhitze im Backofen oder Grill eine leicht gebräunte Kruste bilden lassen.

▌**Karamellisieren** Zucker oder Zuckerhaltiges wird stark erhitzt, so dass eine hell- oder dunkelbraune Masse mit oft zitierten Röstaromen entsteht.

▌**Legieren** (Abziehen) Mit Flüssigkeit verrührtes Ei oder Eigelb unter ständigem Rühren in die fertige, nicht mehr kochende Speise einlaufen lassen.

▌**Passieren** Gekochte Nahrungsmittel durch ein feines Sieb rühren; noch feiner wird's mit einem Passiertuch.

▌**Pochieren** Fisch oder Fleisch (oder auch die berühmten pochierten Eier) in wenig Flüssigkeit, die nicht kochen darf, gar ziehen lassen.

▌**Pürieren** Zu glattem Püree oder Brei verarbeiten.

▌**Spicken** Mageres Fleisch, Wild, Fisch entlang der Fleischfaser mit Speckstreifen durchziehen.

▌**Wasserbad** Topf mit kochendem Wasser, in dem ein kleinerer Topf hängt; zum Garen von empfindlichen Saucen und Cremespeisen oder zum Schmelzen von Schokolade unabdingbar.

Register

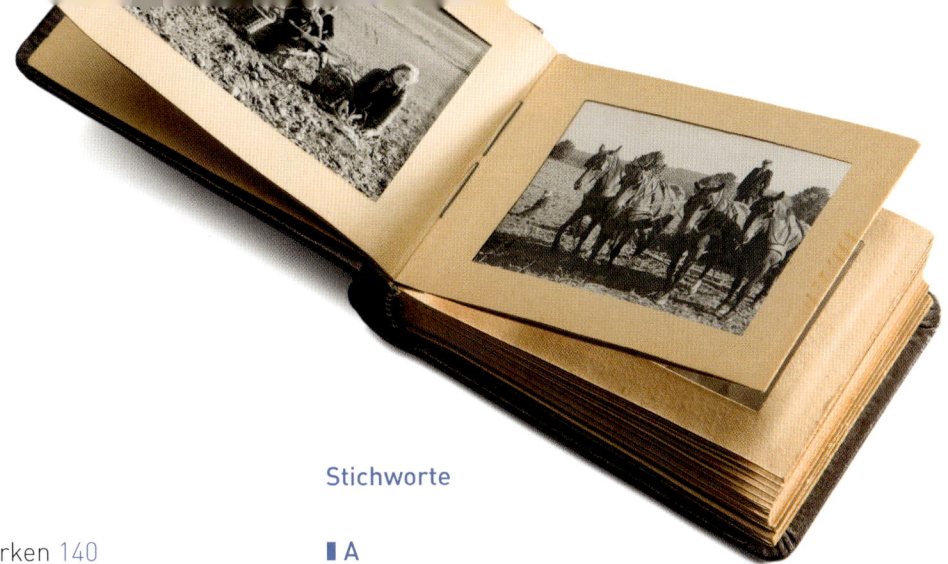

DANK

Erst einmal ein dickes »Hvala« (das hört sich ausgesprochen wie Koala-Bär an, nur ohne Bär, ist aber kroatisch) an meinen Schatz Nada, die sich rund um die Uhr um mich kümmert, mich verwöhnt und liebt, der Glücksgriff meines Lebens. Mama, ohne Dich wär' ich nie zum Kochen gekommen. Lass Dir sagen: Eines der schönsten Komplimente ist, wenn man über mein Essen sagt, dass es »wie bei Muttern« schmeckt. Den vielen lieben Koch-Kollegen, die ich im Laufe der Jahre treffen und kennen lernen durfte und von denen ich mehr gelernt habe als in der Schule und mehr geklaut habe als am Kiosk im Freibad. Besonders dem überragend aufkochenden Johann Lafer, von dem ich weiß, wie man die Worte »an«, »von« und »Schaum« im Gericht unterbringt (Danke, Johann, für Deine »Suppe von glückseligen Kartoffeln an Wiener-Wurst und Sahnehäubchenschaum«) und dem fantastischen Küchenmeister Alfons Schuhbeck, der mit seinem Wissen über Gewürze und deren Mischungen mir Augen, Ohren und den Mund geöffnet hat für neue Geschmackswelten (Danke, Alfons, vor Dir kannte ich im Grunde nur Pfeffer und Salz). Eine gehörige Portion Dank an Christian, der mir so manches Mal Worte in den Mund legt, die ich besser nicht hätte sagen können (oder besser nicht hätte sagen sollen). Auch an Beate, die die Rezepte dieses Buches häufiger neu tippen musste als die Lottogemeinschaft »Alle Sechse« aus Köln-Nippes ihre Systemscheine seit ihrer Gründung im Jahr 1802. Johannes Kerner danke ich dafür, dass ich überhaupt irgendwann die Chance bekommen habe, an der Seite eines ganz Großen großes Fernsehen machen zu dürfen, Markus Heidemanns dafür, dass er es immer wieder schafft, jemanden zu finden, der es erlaubt, dass seine ganzen verrückten Ideen den Weg in den Fernseher finden, Markus Lanz, der nicht nur ein angenehmer Zeitgenosse zum Verbringen gemeinsamer Zeit ist, sondern auch ein Idol in Sachen Hosenmode. Allen bei »Johannes B. Kerner«, »Lafer!Lichter!Lecker!«, »Küchenschlacht« und »Lanz kocht«. Besonders Anette und Beke! Ich begreife nie, wo Ihr all die Zutaten herzaubert, die wir in unsere Rezepte schreiben. Danke dem gesamten Team dieses Buches und des Verlages, dass es bereit war, in den Wald zu ziehen um Bäume zu fällen, die zu Papier für »Alles in Butter« verarbeitet wurden. Besonders John M. John, wer so heißt, MUSS ja ein Künstler seines Fachs sein. Und natürlich nicht zu vergessen ein Dankeschön an meinen Doktor Jürgen, Töne, meinem Management (was ist das eigentlich und was macht ihr den ganzen Tag?) und dem Großteil des Rests der Menschheit. Allen, die sich vergessen fühlen, sei gesagt: Die Sache mit uns sollte doch geheim bleiben!

Gestaltung: Katja Muggli (katjamuggli.de, knallpink.de)

1. Auflage
© 2009 Wilhelm Goldmann Verlag, München,
in der Verlagsgruppe Random House GmbH
Redaktion: Kerstin Uhl
Redaktion Hamburg: Christian Löwendorf
Fotografien und Styling: John M. John (johnmjohn.de)
Foodstyling: Overmans & Partner (food-styling.de)
Haare / Make Up: Stefanie Kristandt / LIGA WEST
(stefaniekristandt.de / ligawest.com)
Titel Composing: Peter Klanke (peterklanke.de)
Requisiten und Partner: Ritzenhoff & Breker; Küchenprofi
Lithografie: Lorenz & Zeller, Inning am Ammersee
Druck und Bindung: Mohn Media GmbH, Gütersloh

Printed in Germany
ISBN 978-3-442-39172-1

Mix
Produktgruppe aus vorbildlich bewirtschafteten
Wäldern und anderen kontrollierten Herkünften
www.fsc.org   Zert.-Nr. SGS-COC-1425
© 1996 Forest Stewardship Council

Verlagsgruppe Random House FSC-DEU-0100
Das für dieses Buch verwendete FSC-zertifizierte Papier
Opus Praximatt (FSC) liefert Deutsche Papier

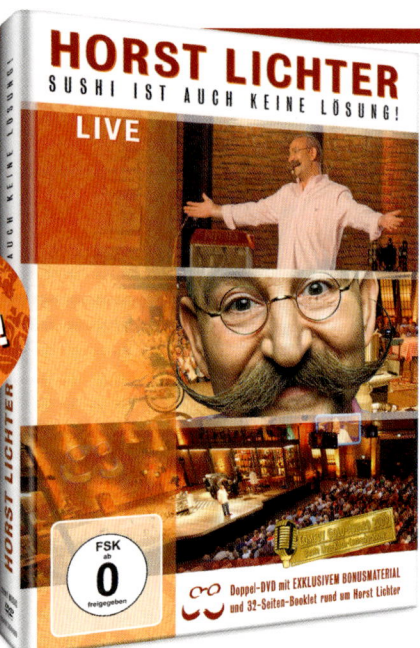